兒童遊戲治療活動

計畫及協助困擾兒童處遇之指引

S. T. Dennison

C. M. Knight 　著

陳慶福　　總校閱

Second Edition

ACTIVITIES FOR

CHILDREN IN THERAPY

A Guide for Planning and Facilitating
Therapy with Troubled Children

By

SUSAN T. DENNISON, A. C. S. W., L. C. S. W.

and

CONNIE M. KNIGHT, M. A.

作者簡介

　　蘇珊・丹尼森（Susan T. Dennison , A. C. S. W., L. C. S. W.）從事社會臨床實務工作十五年，在不同情境下處遇高危險群兒童及青少年。在這十五年中的其中六年，她在某一協助遭受嚴重困擾之青少年的機構中擔任臨床行政主管。在過去十四年來，蘇珊一直在社會工作研究所裏從事教學，目前她則爲美國北卡羅萊納格林斯巴羅分校的助理教授；並撰述及出版處遇高危險群兒童和青少年的其他五本專書。她和她丈夫及正處於青少年期的兒子居住在北卡羅萊納。

　　柯尼・萊特（Connie M. Knight , M. A.）在從事說話及語言病理學實務工作十五年後，重新返回校園研究美術。她喜歡以水彩及丙烯酸作畫，當她每天不在森林散步時她就畫畫，她住在北卡，同住一起的有她的丈夫、三個小孩及兩隻貓咪。

譯者簡介

（按負責章次排序）

陳慶福（總校閱，序言及第一、二章）

學歷：國立彰化師範大學輔導博士

現任：國立屏東大學教育心理與輔導學系教授

方家銘（第三章）

學歷：國立屏東師範學院教育心理與輔導研究所碩士

現任：國小教師

陳勤惠（第四章）

學歷：國立屏東師範學院教育心理與輔導研究所碩士

現任：國小教師

高秀蓉（第五章）

學歷：國立屏東師範學院教育心理與輔導研究所碩士

現任：國小教師

陳雅麗（第六、八章）

學歷：國立屏東師範學院教育心理與輔導研究所碩士

現任：國小教師

葉明衡（第七章）

學歷：國立屏東師範學院教育心理與輔導研究所碩士

現任：國小教師

　　「丹尼森個別治療實務模式」，可引導臨床實務工作者走出臨床／理論爭議之迷宮。此模式協助治療者對兒童之困擾很快形成概念：哪些行為需要去學習／改變，以及哪些治療性的活動能夠導入兒童生活且獲致治療目標。丹尼森個別治療實務模式極具效用，因爲它陳述了實際及客觀的方法以評估治療的目標是否達成。

　　丹尼森和萊特兩位作者在本書中提供了非常有價值的參考資料，特別是對初始治療者，因爲他們常將教科書的理論轉換成臨床實務工作，以及將學術的知識運用到治療中，實際去了解治療中到底發生了哪些事，以及最重要地，如何控制治療過程及帶來所期待的效果。

　　在本書的第二版，作者費了不少心力對本書內容重加規劃和補添。作者以逐步漸近的方式說明治療過程中的每一抉擇點，清楚地闡明從初始階段的建立關係到結束階段，每一階段可能遭遇的問題、議題和答案。丹尼森和萊特在活動中考慮到在此強化治療者和兒童之聯結，提升治療過程，以及在每一階段──即治療內涵之實際運作中取得平衡。在處遇兒童困擾的實際練習和活動設計單元之治療目標，也會帶給治療者會心的一笑，這些治療者一週又一週以令人愉悅的活動和兒童相處，同時也完成了所謂丹尼森模式中的「過程」和「內容」目標。

　　作者結合這些年來和兒童相處之經驗，寫成這本編輯良好、概念清晰及非常合適有用的一本書，提供給初始或專業治療者在對兒童治療時如何去做的參考資料。除此之外，在本書第二版亦提供了其他廣泛處遇

之觀念與書刊，作爲本書補充資料。另外，本書亦附有若干評估量表提供給使用者作爲評量處遇兒童之參考。

戴安·李蘭博士

（Diane V. Lillesand , Ph. D.）

臨床心理學家

本書的用途

專業助人工作者在今日大多同意,有效的兒童諮商需要因應兒童的需求、興趣以及能力程度來採取不同的策略。因此,對兒童進行基於口語式互動的處遇大多是無效的,特別是對高危險群的兒童而言。相反地,藉由實施不需特別技巧、非常有趣且不具威脅性的遊戲,將可讓兒童許多敏感性及困擾的問題顯現出來。運用這些能很自然地引起兒童興趣的處遇,諮商專業工作者接下來就可以運用專業來處理已經顯現出的問題而毋須再費心去引發兒童真實的自我揭露。《兒童遊戲治療活動》一書為心理衛生專業人員提供了廣泛適用於五至十二歲年齡層受困擾兒童的系列活動。這些活動不但有趣而且具治療性,同時這些活動也被設計成有趣的競賽,治療者和兒童都可自然參與遊戲的情境中。

雖然在坊間已有許多兒童個別治療書籍,但卻很少提供給臨床工作者有效處遇計畫的建議,這本書將超脫過去窠臼;當今許多臨床工作者已厭倦聽到一些諮商理論,他們需要的是一些為小學年齡兒童作有效治療的處遇策略。這本書是特別為實務工作取向的工作者設計,治療兒童的工作者將可發現本書能夠滿足每日面對兒童治療的工作之需求,本書對兒童治療者而言,實為一寶貴資源手冊。

《兒童遊戲治療活動》係專門為從事兒童諮商的專業人員所撰寫,這些專業人員包括但不限於社會工作者、心理學家、輔導諮商員、說話／語言病理學家及藝術治療者,這本書的內容也獻給兒童治療者之新手,因為您(讀者)將發現活動的指引及步驟是以簡單易讀的方式來撰

寫。

　　高危險群的兒童能從本書的活動中獲益，這些兒童範圍很廣泛，如情緒困擾、學習障礙、躁動、智能低下或上述多重的問題和困擾。

　　本書中的活動主要為個別治療而設計，但略作調整亦可實施於團體情境。團體領導者可輕易地從第三章中選取有助於團體成員建立初始關係的活動；在中間階段可利用第四章到第七章的活動分享參與者的困擾；在第八章當中的活動則可用來作為治療結束之參考。讀者將會很高興地發現本書中大多數的活動在簡單調整後，可以有效地實施於廣泛的兒童諮商情境。

　　本書的第二個目的包括個別諮商模式（第一章）、個別治療的評估指引（第二章）以及補充參考資料（附錄A、B、C及D）。本書第一、二章提供了第三至八章實施活動的簡明架構。本書的最初幾章亦提供臨床實務工作者在計畫兒童個別治療時的直接策略；另外有關兒童發展、兒童治療及臨床評估的補充資料則臚列在附錄A；附錄B所列的是經過細心挑選後用以個別評估兒童的評量表或檢核表；附錄C和D則提供補充的競賽遊戲，以及兒童的圖書和期刊；附錄E包含了一份兒童治療的評估報告案例。最後，第三章到第八章特定活動的解答則列於附錄F。

活動內容範疇

　　本書的核心包括了下列六個內容和範疇的活動：

◇第三章：關係建立與自我表露的相關活動

◇第四章：情緒覺察與溝通的相關活動

◇第五章：家庭的相關活動

◇第六章：社會技巧的相關活動

　　◇第七章：學校的相關活動

　　◇第八章：結束與追蹤的相關活動

　　上述六章的順序安排是有其目的的，治療活動開始於關係建立的活動（第三章），以確保治療者／兒童信賴關係的建立。一旦治療者和兒童關係能建立，治療者就能接續探討特定兒童的特殊困擾範疇（第四章至第七章），因此臨床工作者能從第四章到第七章中挑選若干適合處遇困擾兒童的相關活動。

　　結束是治療的最後步驟，第八章的活動可作為引發悲傷治療處遇及評估治療進展之用。治療者有必要預留時間讓兒童去經驗結束，因為困擾的兒童在生命中經驗到許多不健康的事，他們需要在治療中得到經驗的矯正。在某些情況下，專業人員或許會討論是否對兒童進行追蹤，以作為維繫治療成效的參考，第八章亦提供了追蹤段落的活動。

活動的型式

　　第三章至第八章的所有活動將以下列的型式來設計：

1. 高低年齡層兒童之活動有別。低年齡層活動係為五～八歲兒童而設計，這些活動編印在本書的正面頁，九～十二歲高年齡層兒童的活動則編印在反面頁。由於許多高危險群兒童的功能低於他們同年齡層的兒童，因此本書的活動是以同年齡團體略低的水準來設計，專業人員應為較聰明的兒童在活動上作些調整。即使如此，讀者仍將發現因為兒童的發展技巧層次及興趣有個別差異，本書的指引與年

齡層並非完全一致。因此，專業人員基於兒童的個別需求和反應，宜選擇或調整若干活動。

2. 同一章的每一個活動都是關於同一性質的主題，例如，第四章為「情緒覺察與溝通的相關活動」，您可從中看到不同類型情緒的主題。這些主題皆列在每章的最前面，且以邏輯的順序及活動的變化性來安排，讀者可考量每個兒童的需求及個人的興趣來調整各主題的順序。

3. 在每頁的活動單最上端提供了活動的說明，說明相當簡單明瞭並提示所需的繪圖工具，例如：鉛筆、蠟筆……等。

4. 在本書的附錄 F 皆可找到尋字、交叉謎題及其他特定活動反應的解答。

5. 在某些活動單的底端有「思考盒」，在盒子裡提供了一些問題的陳述，用來引發兒童在這些頁的主題上作進一步的目標表露，讀者可從不同主題活動中選擇使用這些資料。

6. 每一活動所需的時間並不相同，例如一位治療者可能發現某一兒童需要花費半小時的活動時間，其他兒童卻僅花費五分鐘。在後者的情況下，治療者將決定某一主題是否與兒童的需求吻合，或者同一章的其他活動將更適合某個兒童的需要。我們鼓勵讀者在一次治療中進行一個以上的活動，不過這端視於兒童的反應而定。所以，在一次治療中儘可能地使用許多活動並非我們的目的，畢竟藉由活動去協助兒童探索他的困擾才是治療的首要目標。活動僅是用來引發兒童自我表露之不具威脅的方法而已。

其他注意事項

　　讀者將發現本書中的許多活動與一般坊間相當容易購買到的兒童競賽遊戲或圖書類似，這樣的相似性主要是為了引起兒童的興趣和動機。不過本書基本上是為專業人員而設計，父母和非專業人員並不適合使用本書來處遇自己孩子的困擾。假如在治療中無法有效處理兒童因自我表露所引發的某種情緒時，恐怕將會對兒童造成傷害。

　　在整個治療過程的某些時候，治療師可能會想和兒童父母或重要他人分享從活動中所收集而來的資訊。只要治療師很謹慎地對父母詮釋這些資訊並能適宜地處理父母的反應，那麼如此的分享是有益的。不過，和兒童之間的保密問題必須特別留意。在與兒童的父母及重要他人分享治療中的資訊前，治療者應先獲得兒童的同意。治療者需要向兒童保證僅僅會分享某些特定的活動單。值得注意的是，對於某些兒童而言，任何有關於治療內容的洩密，都會讓他們感到很不舒服，所以治療者有必要尊重兒童的期望以確保維繫彼此的信賴關係。這當中的例外是當兒童計畫自殺或傷害他人時，治療者有責任去告知兒童的父母有關於兒童安全的問題。

摘要

　　《兒童遊戲治療活動》是專門為處遇高危險群國小學齡兒童的專業人員而設計的實務工作參考架構及手冊。透過這些活動可以建立有效的治療關係、顯現出兒童的問題及困擾、解決這些問題並且使兒童健康

地體驗治療關係的結果。本書的使用綱要、時機及活動的理念陳述在個別治療實務模式（第一章）、評估指引（第二章），補充資料則附述於目錄A、B、C、D中。

這是一本「如何去做」的書，提供兒童心理健康專業人員一些新奇、有創意的處遇。作者希望本書除了可以作為兒童處遇的指引參考書外，專業助人工作者亦可發展出其他治療策略，有效處遇高危險群的兒童。

　　許多人對完成本書有積極的貢獻，這當中特別感謝愛蓮·紐倫（El-ane Nuehring）在本書編排上的回饋，以及賈以思·維克（Joyce Wirch）對完成稿的協助。

　　感謝我們兩個家庭的人在完成本書過程中的包容及協助，最後感謝我們的孩子——馬修（Matthew）、喬丹（Jordan）及亞瑞（Ariel），對我們不斷的鼓勵。

蘇珊·丹尼森
（Susan T. Dennison）

柯尼·萊特
（Connie M. Knight）

　　似乎有越來越多的諮商專業人員發現：傳統面對面的諮商晤談方式不適合諮商師和兒童的互動；但透過遊戲和繪畫方式去和兒童互動，不但容易接近兒童與其建立良好的關係，且對兒童問題困擾之減輕或解決則具良好的效果。因為因緣及個人的興趣，在修畢博士課程後才正式接觸到以兒童為對象的遊戲治療，近五年來曾經在台南及屏東地區接觸到幾個不同類型的兒童，大多採用以遊戲及繪畫為主的方式和這些兒童互動，從個人和兒童的互動中更加體會及驗證：遊戲及繪畫的確能協助兒童作更深層自我探索、統整以及來自令人訝異的兒童內問題解決和復原的能力。這是個人幾年前唸研究所時一頭栽進去認知─行為治療和研究諮商歷程中不曾領悟到的新天地。

　　「學然後知不足，教然後知困」，前年第一次在屏師心輔所開設遊戲治療的課程，在閱讀相關書籍後覺得丹尼森和萊特合著的《兒童遊戲治療活動》內容相當吸引人，在課堂上不僅曾讓研究生進行了幾個遊戲和活動，個人也嘗試將這些好玩又有趣的活動和幾位小朋友實際玩起來，教學之餘興起好東西和大家分享的翻譯念頭，故結合修習本課程的心輔所研究生家銘、勤惠、雅麗、秀蓉、明衡一起著手中譯此書，從民國八十八年底一直譯至九十年初方始完成翻譯的工作，翻譯期間碰到若干文化差異上的一些問題，其中一些不太適合國情的活動則刪除，以幼兒和兒童活動相片或以適合國情活動替代。翻譯小組在幾番討論後方始定稿，譯者雖力求中譯之信、達、雅，但疏漏的難免，尚祈各界先進不吝指教。

感謝心理出版社許麗玉總經理的支持，以及吳道愉總編輯和陳文玲編輯等相關人員的協助使本書能順利出版。最後希望本譯書之完成，能提供尚欠缺中文遊戲治療活動之兒童諮商輔導專業界及對兒童遊戲治療有興趣人士參考之用。

陳慶福

民國八十九年仲夏

於屏東師院教育心理輔導所

目　錄

第1章

個別治療實務模式

　　本章介紹丹尼森個別治療實務模式，此模式有兩個主要的目的：第一，它提供了一套對兒童治療目標取向的策略；第二，它爲第三章至第八章活動之設計指引。本模式之發展乃基於作者多年來從事眾多高危險群兒童之實務工作經驗，書中的策略雖結合了許多理論取向，但主要是基於行爲方法學。依據本模式之設計，個別兒童治療目標係以特定的行爲名詞來界定，因此採用本模式之治療者將發現設計治療活動以及實際從事助人的諮商工作時，將會更得心應手且具成效。

　　丹尼森個別治療實務模式的四個主要部分分別列於表一。首先，治療過程劃分爲三個階段：初始、中間及結束；第二，過程與內容兩種型式的治療目標在三個階段中皆被分別定義；第三，爲治療者提供首要及次要目標指引以辨視哪些目標、過程或內容在治療的每個階段是最重要的；第四，活動指引指出本書哪些章的活動與本模式中的三個階段有關。

✧ 處遇階段

　　雖然在本模式將處遇分爲三個階段並非新觀念，但這樣的概念是重要的，有

經驗的臨床工作者從處遇兒童過程中知道治療改變的重點，例如，在初始階段（見表一），治療者開始和兒童建立關係，開始進行評估以及決定處遇目標；在中間階段，治療者著重處遇轉介來兒童之困擾問題；在結束階段，治療告一段落，兒童結束治療。治療者能了解在每一階段中主要的治療所著重的目標及要點，對臨床工作者之處遇成效將有顯著影響。

在處遇時同時強調兩組平衡的目標是丹尼森模式特色之一，如此區分不同的目標是透過治療者處遇的經驗來澄清治療的雙重重點。對兒童進行治療時，臨床工作人員知道不僅需要處理兒童當前的困擾（即內容目標），他們也需鼓勵兒童前來接受治療，提供自我表露與信賴治療者的事項（過程目標）。

在表一裡讀者將留意到在每一階段裡會有三個不同的過程目標，這些目標指引提供了有利的治療情境，以提升治療者／兒童關係，因此兒童的自我表露、改變與結束的相互轉換也會更順暢。過程目標對所有的兒童是相同的，由於每個兒童對不同的處遇會有不同的反應，因此協助兒童達到改變的方法也會不一樣，在另一方面，內容目標著重了導致兒童被轉介來接受處遇的一些問題議題和困擾，內容目標是在評估後的初始階段就設立的（見表一），由於兒童呈現了他／她特殊問題範疇，因此每個兒童的內容將有所不同。內容目標對所期待的行為改變應是具體明確而且是可評量的，這些目標在三個月的期間應可達到，治療者和兒童皆可經驗到處遇過程帶來的成就感。

✧ 首要及次要目標的重點

強調首要與次要目標之概念（見表一）提供讀者了解在治療的三個階段，每一個階段中特定目標之焦點，因為兩組目標在整個處遇過程皆同時被強調，治療者需要知道在每一階段到底是過程或內容目標為首要強調。

表一 ▶ 丹尼森個別治療實務模式／活動指引

初始階段	中間階段	結束階段
過程目標*	**過程目標**	**過程目標***
首要強調	次要強調	首要強調
1.引發兒童對活動情境的興趣	1.增進兒童對治療情境的興趣	1.增進兒童對其他資源的興趣
2.引發兒童在治療段落中的自我表露	2.增進兒童自我表露的層次	2.使兒童知曉治療的進展
3.引發兒童對治療者的信賴	3.增進對治療者的信賴感	3.協助兒童告別治療
內容目標	**內容目標***	**內容目標**
次要強調	首要強調	次要強調
1.評估兒童接受個別治療的適切性	為每個兒童訂定處遇目標	如同治療中間階段
2.開始建立處遇目標		
達成目標的活動	**達成目標的活動**	**達成目標的活動**
第三章 「關係建立與自我表露」	第四章 「情緒覺察與溝通」 第五章 「社會技巧」 第六章 「家庭的相關活動」 第七章 「學校的相關活動」	第八章 「結束與追蹤」

*表示在每個階段處遇中的首要強調

在初始階段，過程目標是首要被強調的；因為兒童應被鼓勵參與治療、自我表露及信賴；在中間階段，首要強調應轉至內容目標，在此期臨床工作人員專注於兒童困擾問題；順利渡過此階段的治療後，治療者和兒童進入結束階段。過程目標在治療步向成功結束時，重新轉變為首要強調，首要與次要目標同時影響到治療者計畫和進行，了解每個階段中目標焦點對臨床工作人員的成效有顯著的影響。

✧ 活動指引

丹尼森模式最後最重要的部分是活動指引。讀者可在表一每一欄下端見到第三章到第八章的內容與三個階段中每一階段的關聯，每一活動章節和丹尼森模式提供了在本書中的活動選擇和應用時機的理念，讀者們也會發現藉由了解丹尼森模式和活動指引，他們應該更易於去設計有效的治療段落，臨床工作人員在構思任何新的處遇時，也會期盼運用參考這些指引。

✧ 丹尼森的處遇意涵

丹尼森模式強調目標的達成，除了本書所提供的活動外，此模式的其他處遇意涵則列於表二（初始階段目標之達成）、表三（中間階段目標之達成）及表四（結束階段目標之達成），這些表描述了適合國小兒童需求之過程及內容目標的方法。治療者在每個階段的處遇應參考合適的表列內容，而表二、表三、表四與表一應共同參考運用，以增加治療的正向影響，表二、表三、表四建議達成目標的方法並非包羅一切，事實上臨床工作人員可運用這些建議作為發展其他策略以達成每一階段的過程與內容目標。

✧ 處遇的初始、中間及結束階段

在初始階段（表二），須建立治療正向關係，因此在此階段過程的目標應是首要被強調的，治療者需留意到去創造一個吸引兒童的情境，鼓勵兒童自我表露，以及建立一治療者和兒童彼此信賴的關係，評估兒童接受治療的準備與建立處遇的目標（即內容目標），是為本階段第二著重的。

讀者需留意到的是，在這階段所達到的過程目標的程度將決定中間階段處遇目標的程度，因此運用本模式者應依照表二的綱要指引來進行，因為在初始階段目標的達成對往後的處遇會有顯著的影響。

在中間階段（表三），臨床工作人員應可發現他們和兒童的關係已建立完善，自我表露變得較自然，且已發展出某程度的信賴感，在這階段，一些導致兒童轉介來接受治療（即內容目標）的內容目標的方法應該是依每一個兒童的個別性來決定，在此情況下，臨床工作人員將知曉處遇一特殊兒童的最佳方法，臨床工作人員將朝向內容目標對兒童進行處遇。

治療的最後階段是結束階段（表四），它是治療的關鍵階段，在此階段應著重過程目標，治療者應有足夠的時間去處理兒童對於治療者的情感，及對治療關係作一個結束，一個健康的結束往往可提供兒童生活中未解決事件的修正經驗，也因為如此，治療者必須注意治療結束階段所強調的兒童從治療之獲益而非新的議題或困擾，讀者在此階段（即過程目標）應依照表四所提供的綱要去達成這些過程目標。

首要強調		次要強調	
過程目標	建議達到目標的方法	內容目標	建議達到目標的方法
1. 引發兒童對治療段落的興趣	a. 依兒童功能程度決定治療長度及次數 b. 情境設計應免除兒童視覺和聽覺分心 c. 為兒童建立一舒適及能專心的治療空間 d. 提供治療的多變化性 e. 大多數活動應基於遊戲而非口語取向 f. 治療階段盡量不需依賴紀律 g. 確信治療者和兒童在活動中皆能得到樂趣 h. 教導及說明應清楚及簡要 i. 活動應是兒童感興趣者 j. 治療過程以兒童喜歡的方式來進行，且能達到正向結果	1. 評估兒童接受個別治療的適切性	a. 對兒童實施客觀評量 b. 藉由評估活動去評量兒童及擬定處遇計畫 c. 從兒童的重要他人得到他們對兒童的困擾的意見和回饋 d. 回饋兒童接受治療的相關評估報告 e. 留意兒童在治療段落中的行為及情緒反應

（續下表）

首要強調		次要強調	
過程目標	建議達到目標的方法	內容目標	建議達到目標的方法
2. 在治療段落中引導兒童自我表露	a. 治療者示範自我表露作為兒童自我表露的刺激 b. 讓兒童不斷經驗到治療段落中之保密性，治療者在和兒童的重要他人討論兒童前，應先和兒童討論 c. 兒童應知曉治療者和兒童的重要他人在治療開始後的接觸情形 d. 設計不具威脅的活動引導兒童作自我表露 e. 治療者對兒童所期望的自我表露應實際，不宜有太高期望 f. 應詢問兒童他們認為自己為何被轉介接受處遇 g. 治療者應告訴兒童治療結束前需接受評量 h. 開始實施處遇 i. 治療者應詢問兒童對活動的建議	2. 開始建立處遇目標	a. 治療者應對所得資料分析 b. 治療者應搜集在治療段落對兒童的觀察資料 c. 應檢核兒童的重要他人之回饋意見 d. 應決定實際、短期的行為處遇目標 e. 應撰寫一完整的評估報告

（續下表）

（承上表）

首要強調		次要強調	
過程目標	建議達到目標的方法	內容目標	建議達到目標的方法
3.增進兒童對治療的信賴感	a. 治療者應表現溫暖誠實及真誠		
	b. 治療者應和兒童分享個人事情作為兒童表露的示範		
	c. 應事先計畫一廣泛可供治療者和兒童分享的經驗內容		
	d. 每次的治療段落應被安排得舒適及不具威脅感		
	e. 每一治療段落應有正向過程和進展		
	f. 治療者能以微小的款待表示對兒童的關愛		
	g. 邀請兒童以他最舒適的方式表露自己		
	h. 兒童應被提醒治療段落中的保密問題		
	i. 治療者應盡可能與兒童維持固定的治療及聯繫		

表三 ◆ 中間階段目標之達成

次要強調		首要強調	
過程目標	建議達到目標的方法	內容目標	建議達到目標的方法
1. 增加兒童對治療情境之興趣	a. 或許需要增加治療段落及次數 b. 治療段落的型式和情境或許需作某些調整 c. 需要計畫一些活動以挑戰及探索兒童問題的範疇 d. 此時須增加與鼓勵討論時間 e. 治療者邀請兒童更投入治療段落 f. 在治療過程末了應包括兒童所喜歡和不喜歡的	這些目標係為每一兒童個別設計	達到目標的方法依個人而定，在第三章到第八章以及附錄D的活動可提供參考應用
2. 增加兒童自我表露的層次	a. 治療者應該作更內心的表露示範 b. 活動應強調內容目標 c. 治療者需詢問兒童，治療對他／她有何幫助 d. 鼓勵兒童處理他對治療者所有的情緒 e. 鼓勵兒童作自我表露及討論他們所經驗到的問題		

（續下表）

次要強調		首要強調	
過程目標	建議達到目標的方法	內容目標	建議達到目標的方法
3. 增加對治療者的信賴感	a. 治療者應經常覺知自己對兒童的特別感受 b. 偶爾款待兒童、給予兒童一些驚喜以表達關係的特別性 c. 可詢問兒童治療者對他的意義 d. 可要求兒童在治療段落外做家庭作業 e. 增加治療段落外兒童生活情形的討論 f. 治療者可對質兒童抗拒的部分		

表四 ♦ 結束階段目標之達成

首要強調		次要強調	
過程目標	建議達到目標的方法	內容目標	建議達到目標的方法
1. 增進兒童尋求其他資源的興趣	a. 治療者設計引導兒童尋求其他資源的治療段落 b. 治療者邀請在兒童生活中能提供資源的人士參與某些治療段落 c. 給予兒童一些家庭作業以引導兒童學習如何運用其他資源 d. 協助兒童進一步發展尋找其他資源的技巧 e. 鼓勵兒童尋求能滿足自己需求資源的嘗試	如同在中間階段爲每一兒童設計的目標	基於個別化的目標而定
2. 協助兒童確認在治療中的進步	a. 治療者確認他／她知覺到兒童的改變 b. 設計有關治療進展的活動及討論段落 c. 提供兒童實際嘗試的經驗，如此兒童可相信他不需透過治療就可維持進步 d. 不需對兒童新的問題範疇作探討和表露 e. 治療過程包括兒童如何看他在初始階段和目前階段的差異		

（續下表）

首要強調		次要強調	
過程目標	建議達到目標的方法	內容目標	建議達到目標的方法
3. 協助兒童告別治療	a. 減少治療的次數 b. 治療者感受他／她和兒童關係的重要性 c. 計畫與安排討論治療結束的段落 d. 預留時間讓兒童處理其他未竟事務 e. 贈送兒童一些能代表治療重要關係的禮物 f. 經常告訴兒童還有幾次治療段落 g. 安排在最後一次治療段落舉行慶祝，象徵治療的結束和成就		

✧ 摘要

　　本章摘述了丹尼森個別治療實務模式，本模式提供了臨床工作人員對兒童實施個別治療的架構，此模式應為第三章到第八章活動計畫的指引。

　　治療在丹尼森模式中被劃分為三個階段：初始、中間及結束，每一階段皆設計有過程及內容兩組目標，此雙重目標的取向是丹尼森模式特色之一。由於將治療目標分為兩組，讀者們對每一階段的處遇將有更清晰的了解。

　　本書最後提供在每一階段對兒童個別治療的計畫和協助指引綱要，此乃丹尼森治療模式的第二個意涵，本書第三章至第八章的活動實務指引亦提供了專業工作人員在兒童處遇中的許多寶貴概念。

第2章

個別治療評估指引

　　本章提供了兒童個別治療的評估程序，此評估程序和一般傳統的診斷評量如心理社會評估、接案報告、精神醫學診斷手冊第四版或心理評量有所不同，上述一般傳統的診斷評量在本質上較為周延，相較之下本章所敘述的評估程序主要著重兒童接受治療之準備度及處遇目標（也就是強調處遇的問題）。

　　評估的程序有三個主要的目標。第一，評估被用以決定兒童接受個別治療的準備度或適切性，換言之，決定個別治療對轉介來的兒童是最佳的處遇策略，或其他的治療策略比個別治療有效；第二，運用如此的評估程序可辨識出兒童的問題及決定採取何種處遇模式；第三，為兒童設定非常具體且可評量的短期及長期目標的處遇模式。透過此評估程序以達到治療的三個目標，不僅可確信選用的處遇模式是適切性的，它也建立了客觀評量處遇進展及獲致最後成效之客觀評量的基礎。

　　以下敘述此獨特的評估程序的六個向度，以便讀者可依循和運用。此種評估另外的價值是可作為兒童設立評估的指引，以及提供評估報告的格式參考，它也提供了初始階段決定階段治療任務之指引，而評估指引當中的日誌法則建議了選用客觀的評量的建議以及釐清手冊中的活動和評估程序間的關係。除此之外，附

錄 B 提供了額外評估兒童的量表，本書從第三章開始的許多活動則是爲了達到遊戲初始段落的目標而設計，本書提供初始評估兒童的參考並使讀者在計畫評估兒童時能較容易進行及更有效率，上述的評估程序雖被設計爲指引，但臨床工作人員可依特殊情境或兒童的需要加以調整。

✧ 正式治療評估程序的價值

當兒童被轉介作治療時，對兒童進行正式的評估是必要的，不幸的是，在一般的診斷（如接案會談等）中，許多臨床工作人員很少在治療前正式的評估兒童。雖然兒童在過去可能已作過某些評估，但過去的評估無法清楚說明兒童的反應以使目前的臨床工作人員了解兒童。一份正式的評估卻可節省治療者的許多時間，正式的評估的主要好處有：

1. 及早辨識兒童接受個別治療的適切性。
2. 不適合作個別治療的兒童可被轉介接受更合適的處遇模式。
3. 由於初始治療活動包括了評估任務，因此，兒童在初始治療活動的表現會是較可預測也會覺得較舒服，國小階段的兒童在例行性結構的治療段落不會感到威脅。
4. 兒童被告知在初始階段的處遇主要依據評估的結果，因此往後如果兒童無法參與完所有的治療過程，他將不會太失望或受傷害。
5. 臨床工作人員的建議對兒童父母或其他參與的專業人員較具有可信度，一份包括有簡要個案報告的正式評估建議則提供了處遇計畫的原則。治療者也向兒童父母及專業人員傳達相互尊重的訊息，而評估結果的解釋和發現則提供上述人員對兒童評估建議的了解。
6. 在正式評估之後，治療者對兒童治療過程中的自我角色更加有自信，治療者自信的增進是來自於對兒童的問題有更佳的了解，以及對處遇兒童的困擾將可達到最大成效。
7. 處遇的目標是可評量且可以具體的行爲作爲評估程序的依據，正式評估確定

了目前兒童問題的範疇及其功能的程度，並建立了實際合理的目標，而且由於治療者對兒童知識的增進，也使得個別治療的進展能被加以評量。

8. 在處遇的早期建立治療的期望，兒童的父母及其他參與的專業人員對何種型式的治療對特殊的兒童有無幫助會有更佳的了解。

9. 治療者對兒童、兒童的父母及其他參與者對專業人員更需要負責。

讀者們可見到正式評估的許多重要好處，正式評估的好處往後將直接影響到處遇之執行。

✧ 訂立評估段落的指引

兒童個案的發展需求和成人及青少年個案不同，因此在計畫和治療的段落中應強調兒童的特殊需求，附錄A提供治療者可參閱的有關兒童發展的資料，下列有關兒童評估及接續治療段落的指引將著重兒童的特別需求：

1. 對注意力及記憶較短暫的兒童最好再實施兩次、每次三十分鐘到一小時的治療段落，治療段落的時間應依個別兒童的注意力廣度來決定。

2. 兒童接受治療的房間應避開聽覺或視覺的吸引力，以免造成兒童分心，否則兒童很難接受治療，理想的治療環境是一個備有小桌子、椅子，可在地板遊戲的小房間。

3. 需讓兒童確信某些治療段落是保密的，治療者需對兒童解釋在治療段落中某些事治療者會和兒童的父母分享，但兒童會在治療者和父母分享治療過程中的某些事情前被告知。

4. 詢問兒童他們為何被轉介來接受治療對兒童是有幫助的，某些診斷的獲得是藉由兒童所知覺為何他們需要接受協助而得到。

5. 兒童喜歡例行但同時包含多種活動在其中的程序，基於如此的理由，工作治療模式強調了五～十二歲年齡之注意力較短暫兒童的評估及治療段落。以下是一份評估和治療段落的範例：

（首要任務）

　　在每個治療段落中，由治療者和兒童彼此分享，隨著治療的進展，表露的問題也會更深入，基本上每次花五分鐘在討論自我表露的問題。

（第二任務）

　　這是治療中的主要活動，它應符合每次治療段落的主題，此活動依整個治療段落來決定，一般約持續二十～四十分鐘。

（第三任務）

　　正向綜合討論時間是兒童和治療者相互高興分享他們在治療段落的時刻，一般約五分鐘。

　　上述模式所說的三個任務時間可依個別治療中治療者和兒童的需求而做調整。

6. 在處遇兒童的段落中，治療者需要提供一廣泛有變化的活動、遊戲、書刊……，兒童需要許多的新奇和變化，特別是在處遇的第一階段。本書的附錄 C 和附錄 D 提供了處遇兒童時重要的材料、資訊。

7. 治療者需要決定選用哪些量表和活動以評估特殊的兒童，本章稍後將提供不同型式的量表及活動以作為評估兒童之用。

8. 臨床工作人員應學習在和兒童遊戲時不要太倚重口語技巧；在和兒童互動時應考慮兒童發展的功能層次。

9. 假如治療者發現兒童作了不是正向的反應時，治療者應停止治療段落的進行，治療者往往需要嘗試不同的處理策略，一直到確定那些策略對兒童是有效的。

10. 治療者需回顧一般年齡層兒童的表現，如了解一般六歲兒童的行為表現、想法及感受……，唯有對一般兒童發展有充分的了解，治療者對特殊的兒童才能建立實際合理的期望，本書的附錄 A 提供了兒童發展的資料。

11. 在治療前獲得兒童生活中父母或重要他人的意見對治療往往有幫助且是重要的，兒童的父母和重要他人對治療如何進行的觀點對兒童的治療往往亦有幫助，讀者可參考臚列在附錄B的檢核表和評量工具，這些檢評表和評量工具在蒐集兒童的資料時是很有效的。

12. 在進行六～十二次的治療段落後，治療者往往就要準備完成評估工作和撰寫報告了，在某些時候評估的次數將低於六次。

✧ 評估報告模式

讀者們將發現表五（個別治療兒童評估指引）是用來評估兒童治療評估的樣本表格，這份表格簡易且直接，但涵蓋了一個良好評估報告的重要部分。一般而言，評估報告格式應限於二～三頁間，評估報告要實際；盡量書寫一份評估兒童的簡明摘要報告，而非一份巨細靡遺評估兒童各方面功能的報告。除此之外，這份報告應可和兒童的父母或其他參與的專業工作人員分享，讀者有興趣可閱讀本書的附錄E所提供的一份樣本評估報告。

評估報告轉介部分（見表五）應包括：

1. 轉介人及轉介的理由。

2. 兒童的重要他人對兒童主要問題的看法，這些重要他人包括兒童的父母、教師、諮商員、臨床工作人員。應詢問這些人認為治療對兒童的好處，通常兒童家庭對處遇的期望就可在此建立，若是兒童父母對兒童的期望不太實際，治療者在評估終了及對治療目標最後確定時，可和兒童父母進一步討論對兒童合理的期望。

3. 假如兒童的生活史的某些層面和需要接受個別治療或訂立處遇目標特別有關，這部分的生活史就顯得特別重要。這部分的生活史就像是兒童先前的經驗和對個別治療的反應。

兒童和治療段落部分（見表五）應包括下列資料：

1. 兒童接受過的評估次數、頻率、時間。

2. 兒童在評估過程的特殊摘述，包括記載兒童的情緒反應、身高、體重、營養狀況、學習程度、說話方式、注意廣度、與現實接觸情形、記憶技巧、自我表露的深度、與治療者建立初步關係的能力，有時這些摘述對於較特殊的兒童會比評估量表和相關活動提供更多的資訊。

3. 評估量表和處遇摘要應包括在此部分。附錄B臚列了作者建議的量表及處遇策略，在評估兒童的一個原則是至少使用兩種標準化的量表作評估，當然臨床工作人員可使用非正式的活動作為評估用，但標準化的評估量表所得資料可提高臨床人員作建議之可信度，而且標準化的評量表往往較非標準化量表較可能發現兒童某些問題範疇。

評估結果部分（見表五）應包括：

1. 建議個別治療是否持續或中止，如果需中止，治療者將建議提供更合適的服務，如接受團體治療或作進一步的心理或精神方面的評估。

2. 應清楚敘述所建議往後服務的理念。

3. 如建議做個別治療，則應訂立處遇的目標，這目標應是三個月即可達成；讓兒童的重要他人知曉他們不期望在幾個月內看到治療帶給兒童正向的影響是很重要的，治療目標應指出特定行為進展情形，例如增進兒童的自我概念，以使(1)兒童在諮商段落中能更自然的說話；(2)兒童能較自然也較能接受治療者的稱讚，藉由這樣的方式，治療者和兒童的重要他人將知道治療的改變和進展。

簡而言之，評估報告應著重評估兒童在接受個別治療的適切性，治療者在報告中應指出和治療目標相關的意見，附錄E有一份評估報告範例，它可協助讀者更進一步了解報告的主要部分評估，對初始治療者而言，表五和附錄E對其在實施初步評估時將有所助益。

表五 ▶ 個別治療兒童評估指引

兒童姓名：_____　　生日日期：_____

評估日期：_____

一、轉介

　　㈠轉介來源及原因

　　㈡重要他人之意見

　　㈢與評估相關之兒童生活史

二、兒童之描述與治療段落內容

　　㈠治療次數及頻率

　　㈡治療段落之兒童描述

　　㈢為評估目的實施過的量表及活動

三、評量結果

　　㈠從量表和評估活動得到的顯著結果

　　㈡評估結果之意涵

四、處遇建議

　　㈠建議處遇之方式

　　㈡建議處遇之理念

　　㈢處遇目標

治　療　者：_____

報告日期：_____

✧ 個別評估的日誌法

當治療者在評估多重問題的兒童時，他們常會發現評估工作是困難重重的，在某些時候兒童會表現出許多低功能的行為範疇，以至於治療者對從何開始評估及形成處遇目標覺得很棘手，而日誌法即是被發展用來使複雜的個案的評估工作變得容易些，即使對損傷較輕的兒童運用日誌法作為收集評估的觀察及形成結果，也是非常的實際且有相當的助益。

表六所列的個別治療日誌提供了重要資料來源及從對兒童實施評估活動獲得發現資料，兒童重要他人的回饋和觀察也被記錄在此表格中；同樣地，臨床工作人員對兒童的發現也可依時間順序列於此表，附錄B則提供了完整的系列量表以供參考應用。

臨床工作人員在評估的過程應時常回顧這些日誌，回顧日誌有助於決定哪些量表和處遇仍然需要增加或補充，它也提供了哪些型式的處遇對某特殊兒童最有幫助的概念，如此的訊息對往後的處遇是非常有價值的。

✧ 選擇及使用評估量表

專業人員將發現坊間陳列了許多評估兒童的評估量表，這些評量工具如同附錄B所列屬於兩個類別：兒童自評量表以及評估表／檢核表。臨床工作人員有必要了解每一型式的評量工具，以便對特殊兒童作評估時能選取適切的量表。

評估表和檢核表可被用來從兒童的重要他人（如父母、教師……）獲取兒童特殊問題的有關資料，這些評量工作也可提供兒童接受個別治療前在其他環境之表現或功能的基點，因此最好在兒童被轉介接受治療前就完成對兒童的必要評量，然後在治療開始後的固定時段再對兒童實施相同的評量工具，確定兒童進步的情形，臨床工作人員依據本身的需要或特殊的處遇程序可決定重複實施評量的時間表。

表六 ♦ 個別治療評估日誌

兒童姓名：_____　　　日期：_____

量表／活動	日　期	重要發現
1.		
2.		
3.		
4.		
5.		
6.		
7.		
8.		
9.		
10.		
11.		
12.		

兒童量表可直接對兒童實施評量，從評量所得資料可提供兒童困擾問題範疇分類之客觀基礎，評量所得資料亦可作檢核表所得資料之補充。

臨床工作人員應留意，對兒童單獨實施標準比的評量往往還是有限制，事實上，治療者往往可從治療段落的遊戲活動中更加了解兒童的情緒和行為觀察，在某些時候評量的主要價值在於增加臨床工作人員想法和建議的效度，因此在臨床觀察上一些明顯的兒童問題亦可從正式評量中發現。

附錄B所列的評量表可提供不同領域的專業人員使用，包括心理學家、社工人員、心理評量人員、精神科醫師及學校諮商員，但對讀者而言則需謹慎使用，因為某些評量工具需經過專業訓練或具備某些資格認證的專業人員才能使用，治療者在為兒童實施評量前應詳閱量表指導手冊。

臨床工作人員在對少數民族的兒童施測前應閱讀有關文化差異的量表相關文獻，在某些時候，量表應以兒童的母語文字來施測，如此兒童才能清楚了解量表所敘述的問題和陳述。

本章先前提到要對每個兒童至少實施兩種正式量表，作如此建議的理由是在提供報告及未來處遇建議的效度。除此之外，這些標準比測驗或許也可幫忙找出一些非正式評量（如治療段落中對兒童的觀察）發現的其他嚴重問題或轉介來時不明顯的問題，因此在治療前對兒童實施兩種量表以評估兒童不同問題的範疇是必要的。

✧ 評估過程中活動間的關聯

本書第三章到第八章的遊戲活動提供臨床工作人員許多的技術，這些技術不僅可被運用於治療，亦可作為評估兒童的部分程序，特別是第三章「關係建立與自我表露」的活動是極佳的選擇，這些活動是被設計用以建立治療的關係和探索兒童困擾問題的範疇。

依照兒童所呈現的問題，讀者可挑選第四章到第七章的活動，這四章所提供涵蓋兒童生活領域的相關活動：社會技巧、家庭、情緒覺察和溝通、學校。其他

更廣泛的問題，諸如憂鬱或低自尊也可透過這些遊戲活動來探索，例如一個兒童若在家裡經常憂鬱，那讀者就可排選第五章「家庭的相關活動」中某些活動來增進兒童本身問題的自覺，後將決定哪些章節的活動最合適兒童。例如治療者發現對某個特殊的兒童需加強他在家表達情緒感受，本書第四章「情緒覺察和溝通的相關活動」以及第五章「家庭的相關活動」將特別適合這個兒童。

假如治療者發現兒童困擾的問題範疇並非四個活動章節所強調的，則治療者可自行發展適合特殊兒童的活動，附錄C提供了活動設計的參考資料。本書中提供了不同型的治療性活動，但治療者可依兒童問題範疇而調整遊戲內容。

✧ 摘要

本章主要提供擬定計畫及協助評估兒童的指引，本章的評估報告中以結構式的日誌法收集資料及獲致結果，形成目標導向的評估程序，治療者將發現這份正式的評估報告指引，有助於治療者決定對每一位被轉介來的兒童提供最適切的處遇方式，以及往後兒童個別需求之處遇，以達到治療最終的顯著成效。

第3章

關係建立與自我表露的相關活動

　　讀者在本章將發現許多關係建立與自我表露的相關活動。治療者在治療初期應多使用這些或類似的活動。

　　從標題來看,這些活動有助於臨床工作者與當事人建立良好的信任關係,及協助兒童在治療過程中開放自己。專業工作者將發現本章的某些活動著重兒童的自我概念,藉由這些活動我們可探討兒童在日常生活的功能及困擾問題。

　　所有的活動主題可以在表七找到,這些主題與「關係建立與自我表露」有關,臨床工作者可以從這些活動主題中選擇符合治療初期的介入方式。

表七♦關係建立／自我表露相關活動主題

頁數	活　　動	主　　題
30 31	畫「我的臉」 畫「我的臉」	兒童對自己臉部的知覺
32 33	連連看 相對遊戲	兒童對自己身體的知覺
34 35	「我的五官」 猜猜看是哪種感覺	兒童對感官的覺察
36 37	「我的家人」 「家庭樹」	兒童對自己家庭的知覺 兒童對家族的熟悉程度
38 39	「我的家」 電腦填填看	探討兒童的家庭環境
40 41	完成寵物世界圖畫 寵物命名遊戲	兒童對寵物的感覺
42 43	晨光時刻 晨光序曲	探討兒童起床的行為
44 45	夜晚時光 夜晚時光填填看	兒童上床時間的需求
46 47	說話時間填填看 說話時間連連看	探討兒童說話的需求
48 49	生日蛋糕尋字遊戲 生日卡	兒童覺察自己的成長與歲數上的改變
50	「我會做的事」連連看	兒童對於自己特殊天份的知覺

（續下表）

頁數	活　　動	主　　題
52	隱藏圖畫	兒童喜歡玩的遊戲
54 55	畫出喜歡的電視節目 電視密碼遊戲	兒童看電視的行為
56 57	「我的衣服」 「我的衣服」填填看	探討兒童對自己穿著的看法
58 59	頒獎填填看 尋寶遊戲	兒童被認可的經驗
60 61	「我的幸運日」 幸運梯	兒童對自己在幸運日獲得獎品的知覺 兒童對於幸運日的知覺
62 63	「當我惹麻煩時」 解碼遊戲	兒童惹麻煩時的覺察
64 65	字詞完成 感謝卡	對兒童表達照顧與關心的方法
66 67	拍照遊戲 理想的個人計畫	兒童對自己未來的知覺
68 69	未來的我 句子迷宮	探討兒童長大後的期望 探討兒童對自己身體特徵的知覺
70 71	我想要機器人幫我做的事 我想要完成的事	兒童對自己現在想做的事的知覺

畫「我的臉」

 這是我的臉部自畫像。

 將顏色塗在你臉部的自畫像，使你看起來與眾不同，包括：

1. 捲髮或是直髮
2. 頭髮的顏色
3. 眼睛的顏色
4. 痣或是雀斑
5. 缺了幾顆牙
6. 其他

畫「我的臉」

 這是我的臉部自畫像。

1. 我認為我的臉是_____
   _____

2. 我最喜歡自己臉部的哪一個部位？
   □眼睛　　　　□頭髮
   □鼻子　　　　□牙齒
   □嘴巴　　　　□耳朵

3. 我最想改變臉部的哪個部位_____

4. 別人說我有漂亮的臉蛋。
   □是
   □否

用線將所有的點連起來，這會變成一個人的身體。

13
12. · 14
·
11·
·15
10·
·16
9. ·17
8. ·18
7. ·19 ·20
6. ·
·21
5. 43 ·22
· 31·
4. ·23
3. ·44 30· ·24
由此開始 ·25
2 42 32 29· ·
1· · · 28· ·26
·45 ·27
·46 37
48· ·
47

41
·
40· 33·
· ·34
39· 38· 36· ·35

現在將顏色塗上，讓你跟別人與家不同：

1. 頭髮   4. 膚色

2. 眼睛   5. 任何特徵、衣服或物品

3. 身體上特殊的記號

◙ 相對遊戲 ◙

 將下列意思相對的詞連起來，所有的字都是用來形容身體的特徵，將你擁有的特徵圈起來。

慣用右手的　　　　　　　　　直的

瘦的　　　　　　　　　　　　淡的

高的　　　　　　　　　　　　笨手笨腳的

長相好看的　　　　　　　　　未發育的

捲毛的　　　　　　　　　　　健康的

慢的　　　　　　　　　　　　胖的

深的　　　　　　　　　　　　慣用左手的

手腳靈活的　　　　　　　　　矮的

生病的　　　　　　　　　　　快的

已發育的　　　　　　　　　　長相難看的

「我的五官」

 這個外星人想要知道你的五官。

 在下面的空白處描述你最喜歡的形容詞。

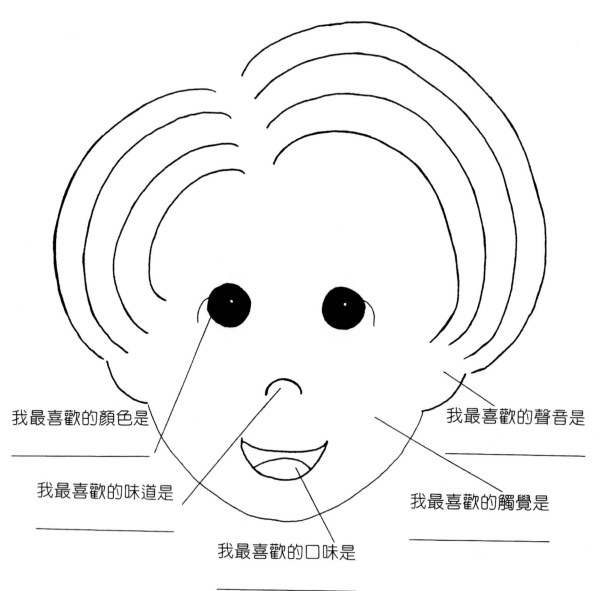

我最喜歡的顏色是
_____

我最喜歡的味道是
_____

我最喜歡的聲音是
_____

我最喜歡的觸覺是
_____

我最喜歡的口味是
_____

猜猜看是哪種感覺

 將下列感覺所代表的數字填在下列十四項特質的方格內，某些特質可能不只一個答案。

① 👀 眼睛   ② 👂 耳朵   ③ 👃 鼻子   ④ 👄 嘴巴   ⑤ 🖐 手

1. 紅的 ☐ ☐ ☐   8. 多毛且柔軟的 ☐ ☐ ☐

2. 酸的 ☐ ☐ ☐   9. 堅硬的 ☐ ☐ ☐

3. 大聲的 ☐ ☐ ☐   10. 溫和的 ☐ ☐ ☐

4. 安靜的 ☐ ☐ ☐   11. 冰冷的 ☐ ☐ ☐

5. 熱的 ☐ ☐ ☐   12. 尖銳的 ☐ ☐ ☐

6. 鹹的 ☐ ☐ ☐   13. 甜的 ☐ ☐ ☐

7. 柔軟的 ☐ ☐ ☐   14. 粗糙的 ☐ ☐ ☐

「我的家人」

把你的家人都畫在下面房子裡,並畫出他們在房子裡做什麼。

如果「爸媽離婚了」,就把這頁影印下來,假如可能的話,分別將父母雙方家庭共同住一起的人都畫出來。

將家庭成員的名字填在下面方格中，如果你有兄弟姊妹的話，順便將他們的名字與年齡填上。

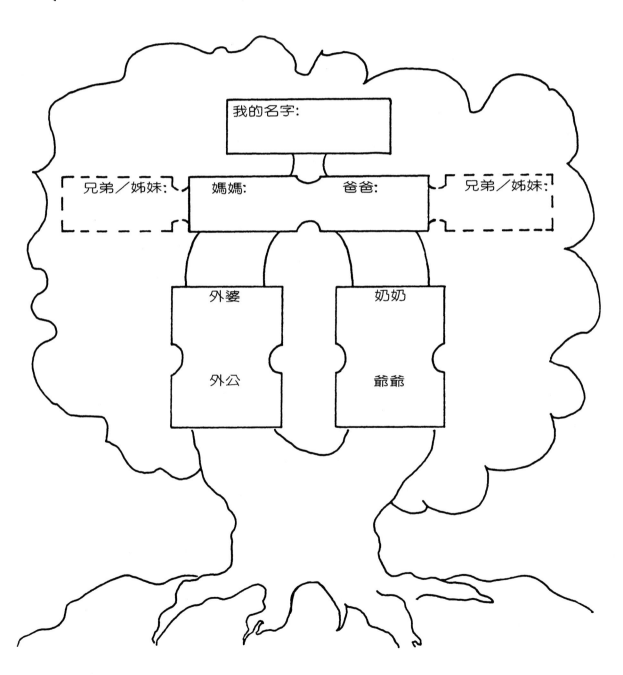

「我的家」

 完成下列的句子：

1. 我住在……

　　☐　獨棟的房子

　　☐　活動式的房子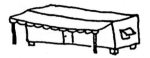

　　☐　公寓

2. 我的臥室看起來像這樣……

(1)將你房間裡的床舖的數量剪下，並將這些床舖擺設得像它們原來的樣子。

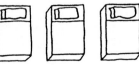

(2)把臥室的門、窗戶和浴室畫出來。

(3)把臥室的家具都畫出來（書桌、玩具盒……等等）。

在電腦內輸入最能描述你家人的資料。

1. 我住在＿＿＿＿＿＿＿＿＿＿＿＿＿＿＿＿。

2. 我們家中有＿＿＿間臥室與＿＿＿間浴室。

3. 我和＿＿＿＿＿＿＿＿住在同一間臥室。

4. 我最喜歡的家裡房間是＿＿＿＿＿＿＿＿
＿＿＿＿＿＿＿＿＿＿＿＿＿＿＿＿＿＿。

5. 我家最棒的事是＿＿＿＿＿＿＿＿＿＿＿
＿＿＿＿＿＿＿＿＿＿＿＿＿＿＿＿＿＿。

6. 我認為房子對我家人而言是＿＿＿＿＿＿
＿＿＿＿＿＿＿＿＿＿＿＿＿＿＿＿＿＿。

7. 如果可以改變房子，我最想改變的是＿＿＿
＿＿＿＿＿＿＿＿＿＿＿＿＿＿＿＿＿＿。

完成下列寵物圖畫未畫完的部分,並將寵物的名稱寫下來。

我喜歡的寵物是＿＿＿＿＿＿＿＿＿＿＿＿＿＿＿＿＿＿＿＿＿＿＿。

我擁有這隻寵物。
□是
□否

寵物命名遊戲

在三分鐘之內寫出所有你知道的寵物名稱。寫出最多者獲勝。第二個遊戲是參賽者試著記住對手所寫出來的寵物名稱，每個參賽者在比賽開始前有十秒的時間來記住對手的寵物名稱。

參賽者＿＿＿＿＿＿＿＿＿＿＿

1. ＿＿＿＿＿＿＿＿＿＿＿

2. ＿＿＿＿＿＿＿＿＿＿＿

3. ＿＿＿＿＿＿＿＿＿＿＿

4. ＿＿＿＿＿＿＿＿＿＿＿

5. ＿＿＿＿＿＿＿＿＿＿＿

6. ＿＿＿＿＿＿＿＿＿＿＿

7. ＿＿＿＿＿＿＿＿＿＿＿

8. ＿＿＿＿＿＿＿＿＿＿＿

9. ＿＿＿＿＿＿＿＿＿＿＿

10. ＿＿＿＿＿＿＿＿＿＿

參賽者＿＿＿＿＿＿＿＿＿＿＿

1. ＿＿＿＿＿＿＿＿＿＿＿

2. ＿＿＿＿＿＿＿＿＿＿＿

3. ＿＿＿＿＿＿＿＿＿＿＿

4. ＿＿＿＿＿＿＿＿＿＿＿

5. ＿＿＿＿＿＿＿＿＿＿＿

6. ＿＿＿＿＿＿＿＿＿＿＿

7. ＿＿＿＿＿＿＿＿＿＿＿

8. ＿＿＿＿＿＿＿＿＿＿＿

9. ＿＿＿＿＿＿＿＿＿＿＿

10. ＿＿＿＿＿＿＿＿＿＿

從下列的方格中選出最適合的答案：

1. 早上起床對我來說是　□困難的
　　　　　　　　　　　　□容易的

2. 我早上起床是　□自己起來
　　　　　　　　□鬧鐘叫我起來
　　　　　　　　□其他人叫我起來

3. 我早上起床時我覺得是　□疲累的
　　　　　　　　　　　　□心情不舒服的
　　　　　　　　　　　　□害怕的
　　　　　　　　　　　　□高興的

 把你最喜歡吃的早餐畫上去，並塗上顏色：

 完成下列的句子:

1. 太空人睡在太空艙內的床上。你睡在哪裡?

   我睡在＿＿＿＿＿＿＿＿＿＿＿＿＿＿＿＿＿＿＿＿＿＿。

2. 太空人被電子鬧鐘叫醒。你是如何醒來的?

   我＿＿＿＿＿＿＿＿＿＿＿＿＿＿＿＿＿＿＿＿＿＿＿＿＿。

3. 當太空人醒過來的時候外面是黑的。當你醒過來的時候外面是?

   我醒過來時外面是＿＿＿＿＿＿＿＿＿＿＿＿＿＿＿＿＿＿。

4. 太空人的早餐是冷凍乾燥蛋與土司。你早餐吃什麼?

   我＿＿＿＿＿＿＿＿＿＿＿＿＿＿＿＿＿＿＿＿＿＿＿＿＿。

5. 有時候太空人起床時,並不在自己的床上,居然是在太空梭的另一
   邊。當你起床的時候,你的情況(感覺)是怎樣的?

   我的情況(感覺)＿＿＿＿＿＿＿＿＿＿＿＿＿＿＿＿＿＿

   ＿＿＿＿＿＿＿＿＿＿＿＿＿＿＿＿＿＿＿＿＿＿＿＿＿＿＿。

將你在夜晚做的事填在下列的格子中。

1. 在我上床睡覺前我最喜歡

□吃點心   □別人說故事給我聽

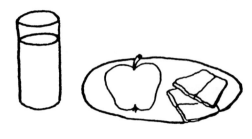 

□有人跟我談心   □什麼都不做，安安穩穩的睡覺

2. 有時我會睡得不好。　□是　　□否

3. 我上床睡覺的時間是＿＿＿＿＿＿＿＿＿＿＿＿＿＿＿＿＿＿＿。

4. 我記得曾經做過夢是＿＿＿＿＿＿＿＿＿＿＿＿＿＿＿＿＿＿

＿＿＿＿＿＿＿＿＿＿＿＿＿＿＿＿＿＿＿＿＿＿＿＿＿＿＿＿＿＿

＿＿＿＿＿＿＿＿＿＿＿＿＿＿＿＿＿＿＿＿＿＿＿＿＿＿＿。

夜晚時光填填看

 想像你在成年後，你正在照顧你的孩子，為你的小孩設計一個理想的夜晚／上床睡覺時間表。

小孩夜晚時光計畫

上床睡覺的時間應該在＿＿＿＿＿＿＿＿＿＿＿＿＿＿＿＿＿＿＿＿＿。

在小孩上床前我將確定他＿＿＿＿＿＿＿＿＿＿＿＿＿＿＿＿＿＿＿。

小孩上床睡覺前我會為他做哪些有趣的事＿＿＿＿＿＿＿＿＿＿＿
＿＿＿＿＿＿＿＿＿＿＿＿＿＿＿＿＿＿＿＿＿＿＿＿＿＿＿＿＿。

上床睡覺前的最佳小點心是＿＿＿＿＿＿＿＿＿＿＿＿＿＿＿＿＿
＿＿＿＿＿＿＿＿＿＿＿＿＿＿＿＿＿＿＿＿＿＿＿＿＿＿＿＿＿。

假如小孩睡得不安穩時，我會＿＿＿＿＿＿＿＿＿＿＿＿＿＿＿＿
＿＿＿＿＿＿＿＿＿＿＿＿＿＿＿＿＿＿＿＿＿＿＿＿＿＿＿＿＿。

設計人：＿＿＿＿＿＿＿＿＿＿＿＿＿＿＿＿＿＿＿＿＿
（簽名）

說話時間填填看

 在你的房間外貼上這張時間表，好讓你的父母親知道要在什麼時候跟你說話。

★ 家人請注意 ★

請記得＿＿＿＿＿＿＿＿＿＿與我說話。

當我感到＿＿＿＿＿＿＿＿＿＿＿，請跟我說話。

當我感到＿＿＿＿＿＿＿＿＿＿＿，請不要跟我說話。

我覺得說＿＿＿＿＿＿＿＿＿＿＿是重要的。我特別喜歡跟

＿＿＿＿＿＿＿＿＿說話。我希望跟＿＿＿＿＿＿多說話。

說話時間連連看

 畫線將相對的事情連起來，這些字是你平常喜歡說的，選出適合描述你的字。

早晨   放學後

上學前   工作日

總是   從不

正在做   高興

沮喪   正在休息

好行為   學校

週末   晚上

家   壞行為

從生日蛋糕上找出 birthday 這個單字，並把它圈出來。

下次生日時，你的蛋糕上會有幾根蠟燭，請將它畫在蛋糕上。

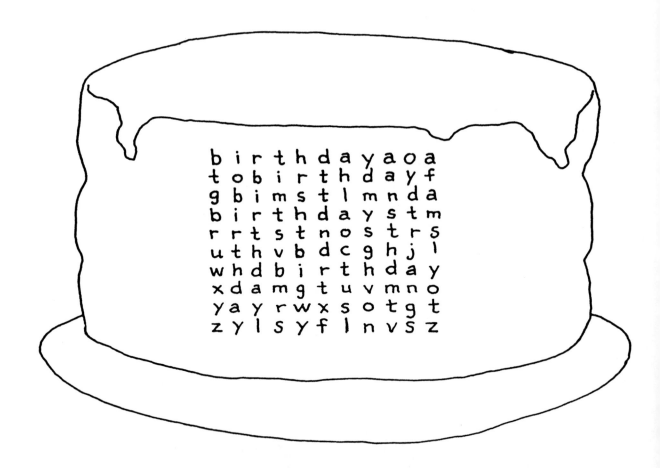

寫下你今年學習到的一件新事情＿＿＿＿＿＿＿＿＿＿＿＿＿＿＿＿＿＿＿＿

＿＿＿＿＿＿＿＿＿＿＿＿＿＿＿＿＿＿＿＿＿＿＿＿＿＿＿＿＿＿＿。

在自己的生日卡中寫下在你生日之後你能做到什麼？

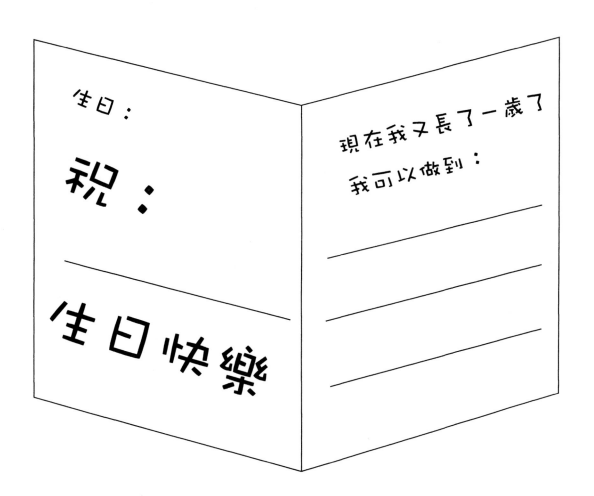

生日：

祝：

生日快樂

現在我又長了一歲了

我可以做到：

_____

_____

_____

這次生日應該是　□太棒了
　　　　　　　　　□還好
　　　　　　　　　□不太好

「我會做的事」連連看

 將字詞與圖片相配合者連起來

讀書

技藝及手工藝

滑雪

打球

玩樂器

游泳

跳舞

唱歌

將你最喜歡的活動塗上顏色，如果上面沒有你喜歡的活動，將你喜歡
的活動畫在下面的方格中。

機器人的生日宴會

 下列的圖片隱藏在最下面那張大圖畫中,把這些隱藏的圖片找出來並將它圈起來。

我最喜歡的遊戲是＿＿＿＿＿＿＿＿＿＿＿＿＿＿＿＿＿＿＿＿＿＿。

我最喜歡　□一個人玩遊戲　　　　□和別人一起玩遊戲

畫出喜歡的電視節目

 在下面的電視螢幕中畫出或寫出你最喜歡的電視節目。

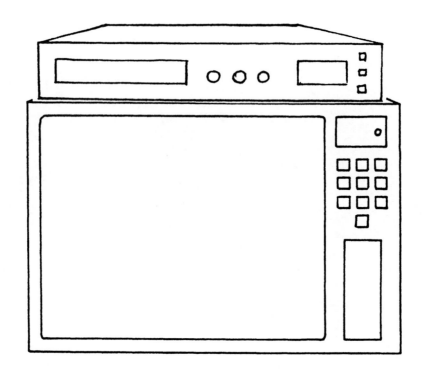

我　□經常看電視
　　□不常看電視
　　□從不看電視

我在電視上看到的東西　□都是真的
　　　　　　　　　　　□不完全是真的
　　　　　　　　　　　□很少是真的

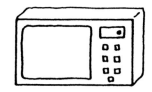

電視密碼遊戲

 以下有一個重要的訊息，請利用下列的密碼解出訊息。

1	2	3	4	5	6	7	8	9	10	11	12	13	14	15	16	17	18	19	20	21	22	23
到	的	看	要	所	件	是	節	重	是	斷	視	電	這	不	容	目	判	實	事	真	內	的

14　10　6　9　4　23　20　　　18　11　5　3　1

＿　＿　＿　＿　＿　＿　＿　：　＿　＿　＿　＿　＿

2　13　12　8　17　22　16　10　15　10　21　19　23

＿　＿　＿　＿　＿　＿　＿　＿　＿　＿　＿　＿　＿　。

我最喜歡的電視節目或錄影帶是＿＿＿＿＿＿＿＿＿＿＿＿＿＿＿＿＿＿。

「我的衣服」

從下面的空格中圈選出最適合你的描述。

1. 我在早上的時候可以選擇自己想穿的衣服。
   □是　　□否

2. 逛街買衣服時，我會自己挑選自己的衣服。
   □是　　□有時　　□否

3. 我的衣服對我而言是非常重要的。
   □是　　□否

4. 我最想買的衣服款式是＿＿＿＿＿＿＿＿＿＿＿＿＿＿＿＿＿＿。

▨「我的衣服」填填看 ▨

 將你想要買的（所有）衣服和鞋子列一張購衣單，並且一一寫下它們的價錢。

・購衣單・

項　目	價　錢
_____	_____
_____	_____
_____	_____
_____	_____
_____	_____
_____	_____
_____	_____
	總價：_____

完成下列的句子：

1. 當學校頒獎時，我 　☐經常領獎
　　　　　　　　　　☐不常領獎
　　　　　　　　　　☐從沒領過獎

2. 我領過最棒的獎是＿＿＿＿＿＿＿＿＿＿＿＿＿＿＿＿＿＿＿＿。

3. 我想我該得什麼獎？（將你該得的獎填在下列的格子內）

　　　　＿＿＿＿＿＿＿＿＿＿＿＿＿＿＿＿＿

　　　　＿＿＿＿＿＿＿＿＿＿＿＿＿＿＿＿＿

　　　　＿＿＿＿＿＿＿＿＿＿＿＿＿＿　#1

在享受得獎的那一刻，你想到的是＿＿＿＿＿＿

＿＿＿＿＿＿＿＿＿＿＿＿＿＿＿＿＿＿＿＿＿

下列共有十二份獎品，圈出你能獲得的獎品。

 用紅色的筆圈出你找到的獎品，並寫上你最漂亮的簽名。

這個獎是肯定＿＿＿＿＿＿＿＿＿＿在＿＿＿＿＿＿＿

＿＿＿＿＿＿＿＿＿＿＿＿＿＿＿＿的優良表現

慢　跑　鞋　腳　水
機　玩　文　踏　電
器　貼　具　車　行
人　紙　禮　兵　棒
鉛　筆　盒　球　棒
土　筒　扯　鈴　糖

#1

「我的幸運日」

 有人在你的幸運日送禮物給你。將這些禮物畫下來,並說明你是
如何得到這個禮物的。

在梯子的橫木上寫下你所遇到的好運氣，假如運氣夠好的話，你就可以到達頂端。

幸運梯

「當我惹麻煩時」

選擇適合你的答案。

1. 我通常_____惹麻煩
   ☐ 自己一個人時
   ☐ 和別人一起時

2. 當我在家惹麻煩時，我
   ☐ 不能看電視
   ☐ 必須回到自己的房間
   ☐ 會挨巴掌
   ☐ 其他_____

3. 通常在惹麻煩後，我受到的處罰是_____
   ☐ 公平的
   ☐ 不公平的

4. 我_____惹麻煩
   ☐ 偶爾
   ☐ 經常（總是）

將下面方格內遺漏的訊息填上去，尋找遺漏訊息的方法是將下列出現兩次的字刪去。

我	一	於	的	小	吃	狗	鳥
一	小	煩	我	吃	你	的	鳥
大	出	於	出	大	狗	你	麻

每個人偶爾都會遇上 _____

1. 我　□偶爾遇到麻煩
　　　□一直遇到麻煩

2. 我通常得到的處罰是　□公平的
　　　　　　　　　　　□不公平的

我可以從錯誤中學到什麼？_____

_____

將下面句子中缺少的字詞補上去，線索可以參考句子旁邊的圖畫。

我喜歡別人＿＿＿＿＿＿我。

我喜歡別人＿＿＿＿＿＿我。

我喜歡別人＿＿＿＿＿＿給我聽。

我喜歡別人＿＿＿＿＿＿我吃東西。

我喜歡別人送＿＿＿＿＿給我。

我喜歡別人對我說＿＿＿＿＿＿＿＿＿＿＿＿＿。

別人如何知道你喜歡什麼？＿＿＿＿＿＿＿＿

＿＿＿＿＿＿＿＿＿＿＿＿＿＿＿＿＿＿＿＿＿

感謝卡

 將你完成的感謝卡剪下，送給最近幫助過你的人。

	親愛的＿＿＿＿＿＿＿＿＿
	謝謝你為我做了
	＿＿＿＿＿＿＿＿＿＿＿＿
	＿＿＿＿＿＿＿＿＿＿＿＿
	＿＿＿＿＿＿＿＿＿＿＿＿
	＿＿＿＿＿＿＿＿＿＿＿＿
	敬愛你的
	＿＿＿＿＿＿＿＿＿＿上

假如你要替一個你想成為那樣子的人拍照，請將照片畫在下面的框框中，並將他的名字寫下來。

假如你是那個人你會比較高興嗎？　□是　　□否

◲ 理想的個人計畫 ◲

將你理想的個人計畫輸入電腦內。

像是_____

學校生活像是_____

玩遊戲像是　_____

好朋友像是_____

家人像是_____

當你有這樣的理想生活時你是否會覺得更快樂？　　□是　　　□否

未來的我

 從下列的形容詞中圈選出你長大後想要變成的樣子，並將它畫下來。

高的

矮的

普通高的

瘦的

捲髮的

直髮的

和善笑容的

可愛的鼻子

漂亮的臉孔

帥氣的臉龐

好體格

迷人的雙眼

▨ 句子迷宮 ▨

循著這條路你可以找出一句和我們外表有關的一句話。

我想要機器人幫我做的事

 想像這個機器人要照顧你，請你設計一下他要為你做的事。

我在家的時候我需要你為我做＿＿＿＿＿＿＿＿＿＿＿＿＿。

我在學校的時候幫忙我＿＿＿＿＿＿＿＿＿＿＿＿＿＿＿＿。

我沮喪的時候我需要你＿＿＿＿＿＿＿＿＿＿＿＿＿＿＿＿。

不管如何一定要做到＿＿＿＿＿＿＿＿＿＿＿＿＿＿＿＿＿。

你要如何照顧自己的生活？＿＿＿＿＿＿＿＿＿＿＿

＿＿＿＿＿＿＿＿＿＿＿＿＿＿＿＿＿＿＿＿＿＿

我想要完成的事

完成下列的事情：

1. 在學校我需要
   - ☐ 有更多朋友
   - ☐ 功課好一點
   - ☐ 跟老師好一點

2. 在家裡我需要
   - ☐ 跟家人好一點
   - ☐ 協助鄰居
   - ☐ 跟鄰居玩在一起
   - ☐ 其他_____。

3. 我期望從別人那邊得到
   - ☐ 多一點注意
   - ☐ 多一些擁抱
   - ☐ 多一些協助
   - ☐ 其他_____。

你怎麼完成你這些期望？_____

_____

第**4**章

情緒覺察和溝通
的相關活動

    在本章，讀者將發現一些關於情緒覺察和溝通的活動。在生命中經歷危機而退縮、沮喪、生氣及過動，或者極度困擾的孩子，將從這些活動獲益並得到改善。這些活動應在治療的中期階段使用。

    本章的活動主題列於表八——情緒覺察和溝通的相關活動，讀者可以運用表八的活動，作為處遇兒童的參考。

表八♦情緒覺察和溝通相關活動主題

頁數	活　　　動	主　　　題
76 77	感覺字詞迷宮 感覺遊戲	分辨不同的感覺
78	「我覺得快樂是……」	爲兒童尋找快樂的來源
80 81	快樂臉譜配配看 尋字遊戲	尋找讓兒童感到快樂的人 尋找兒童覺得快樂的地方
82	「我覺得悲傷是……」	覺得悲傷的身體知覺 找出兒童覺得悲傷的時機
84 85	「我覺得生氣是……」 有多生氣呢？選選看	覺得生氣的身體知覺 探索兒童在不同狀況下生氣的強度
86 87	「我覺得害怕是……」 相對遊戲	覺得害怕的身體知覺 找出帶來害怕的時機
88 89	「我覺得引以爲榮是……」 藏字遊戲	覺得光榮的身體知覺 探索光榮感覺的原因
91	「感覺寂寞」字詞連結	探索兒童覺得寂寞的時機
92 93	「感覺興奮」選選看 「感覺興奮」故事完成	知覺兒童對於興奮的回應 知覺會引起興奮情緒的狀況

（續下表）

頁數	活　　動	主　　題
94 95	「感覺挫折」句子完成 「感覺挫折」密碼遊戲	探索兒童如何處理挫折情緒
96 97	「感覺很棒」配配看 「感覺很棒」句子完成	找出兒童覺得表現得很棒的科目 兒童怎樣會覺得很棒
98 99	「感覺無聊」圖畫完成 「我的無聊感覺」	找出停止無聊的方式 找出兒童覺得無聊的時刻
100 101	「感到疲倦」圖畫完成 「感到疲倦」相對遊戲	感到疲倦的臉部表情 找出兒童覺得疲倦的時刻
102 103	「在家的感覺」 「在家」的感覺圖	找出兒童在家時經驗到的情緒 找出家庭成員的感覺
104 105	「我對爸媽的感覺」 「我對爸媽的感覺」	找出和父母一同經驗的各種感覺
106 107	「我對朋友的感覺」 「密碼訊息遊戲」	找出和朋友一同經驗的感覺
108 109	「我在學校的感覺」 「我在學校的感覺」	找出在學校裡不同感覺的原因
110 111	藏字遊戲 密碼遊戲	傳達兒童友誼的真實期望 學習感覺是如何感受而非去控制的

外星人小不點想了解你各種的情緒,在以下的字母迷叢中找出字詞來,並將它們塗上不同的顏色:快樂的、悲傷的、生氣的、興奮的、害怕的、寂寞的、厭煩的、光榮的、挫敗的、不好意思的、驚訝的、無聊的、感到罪惡的、受傷的、沒關係的

◙ 感覺遊戲 ◙

 剪下以下的成績欄，每位參賽者要在三分鐘內儘可能地寫下各種情緒，誰寫得多就贏。

參賽者＿＿＿＿＿＿＿＿＿＿

1.＿＿＿＿＿＿＿＿＿＿＿

2.＿＿＿＿＿＿＿＿＿＿＿

3.＿＿＿＿＿＿＿＿＿＿＿

4.＿＿＿＿＿＿＿＿＿＿＿

5.＿＿＿＿＿＿＿＿＿＿＿

6.＿＿＿＿＿＿＿＿＿＿＿

7.＿＿＿＿＿＿＿＿＿＿＿

8.＿＿＿＿＿＿＿＿＿＿＿

9.＿＿＿＿＿＿＿＿＿＿＿

10.＿＿＿＿＿＿＿＿＿＿

參賽者＿＿＿＿＿＿＿＿＿＿

1.＿＿＿＿＿＿＿＿＿＿＿

2.＿＿＿＿＿＿＿＿＿＿＿

3.＿＿＿＿＿＿＿＿＿＿＿

4.＿＿＿＿＿＿＿＿＿＿＿

5.＿＿＿＿＿＿＿＿＿＿＿

6.＿＿＿＿＿＿＿＿＿＿＿

7.＿＿＿＿＿＿＿＿＿＿＿

8.＿＿＿＿＿＿＿＿＿＿＿

9.＿＿＿＿＿＿＿＿＿＿＿

10.＿＿＿＿＿＿＿＿＿＿

「我覺得快樂是……」

 1. 當外星人小不點覺得快樂時，他的觸角會是粉紅色並發出紅光。請塗上顏色。

2. 「當我覺得快樂時，我看起來像是這個樣子。」

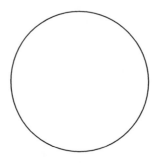

3. 舉出三件通常會使你覺得快樂的事情來。

_____

_____

誰真的會使你快樂？
是你自己還是別人？

快樂臉譜配配看

 畫一條線連接這張笑臉到最常讓你覺得快樂的人那邊。並在你連上線的臉上塗顏色。

我的朋友

大人們

我自己

因為自己的關係而感到快樂，是件很棒的事。
你覺得呢？

圈出讓你覺得快樂的人、地方、經驗，看看你能不能找出八個來。

同	學	電	腦	唸	書
友	誼	音	樂	冬	天
安	全	自	己	朋	友
愛	動	物	園	歡	笑
鄰	居	學	校	市	場
時	光	放	學	街	上
公	園	遊	戲	上	課
作	業	溜	冰	游	泳

當外星人小不點感到悲傷時,他的觸角變得沒有生氣,它們是藍色、枯萎的。請塗上顏色。

當我覺得悲傷時,我感覺到……

(請在身體上面著色)

a. 我的眼睛是

b. 我說話是／聲音是

c. 我的身體是

d. 我的胃是

e. 我走路的樣子是

f. 其他部分

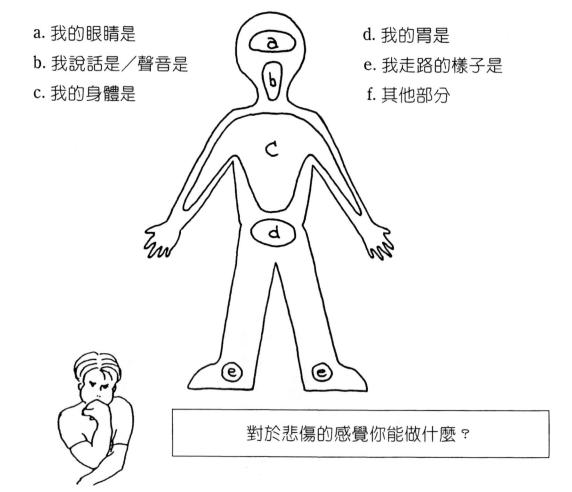

對於悲傷的感覺你能做什麼?

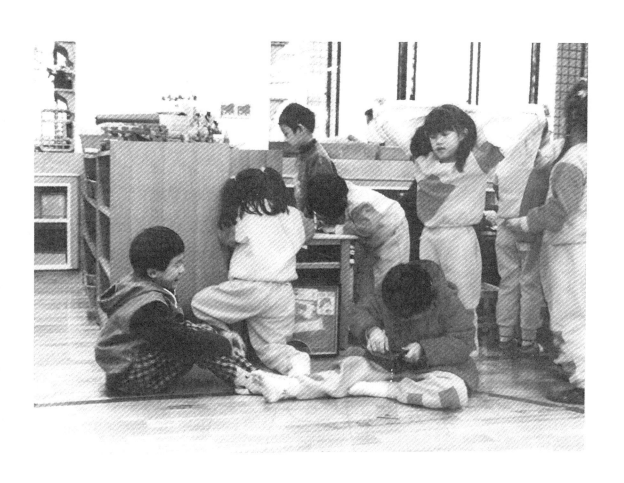

當外星人小不點感到生氣時，他的觸角是火紅色的。請塗上顏色。

當我覺得生氣時，我感覺到……

（請在身體上面著色）

a. 我的頭是

b. 我說話是／聲音是

c. 我的身體是

d. 我的胃是

e. 我擺動手／腳的樣子是

f. 其他部分

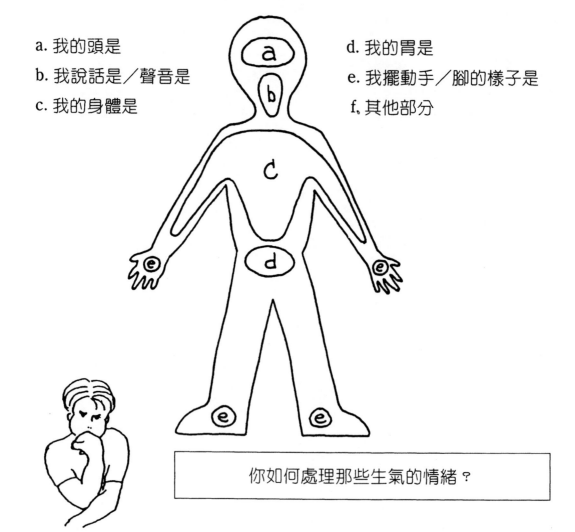

你如何處理那些生氣的情緒？

填上最適合你的單字完成以下句子：

*1.*有點生氣　　　*2.*很生氣　　　　　*3.*非常生氣　　　　　*4.*其他

*1.*當我被冤枉做了某件事情，我覺得＿＿＿＿＿＿＿。

*2.*當有人沒有得到我的允許就拿走我的玩具，我覺得＿＿＿＿＿＿＿。

*3.*當大人大聲罵我時，我覺得＿＿＿＿＿＿＿。

*4.*有時候我們會對最要好的朋友感到＿＿＿＿＿＿＿。

*5.*當別人＿＿＿＿＿＿＿時會讓我覺得嚇壞了。

*6.*偶爾去感受一下＿＿＿＿＿＿＿也還好，能夠學習處理自己的生氣情緒也是個不錯的主意。

你如何避免自己太過於生氣？

「我覺得害怕是……」

1. 當外星人小不點感到害怕時，他的觸角顫抖並變得冰冷。請塗上顏色。

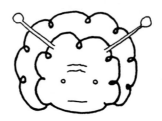

2. 當我覺得害怕時，我感覺到……
（請在身體上面著色）

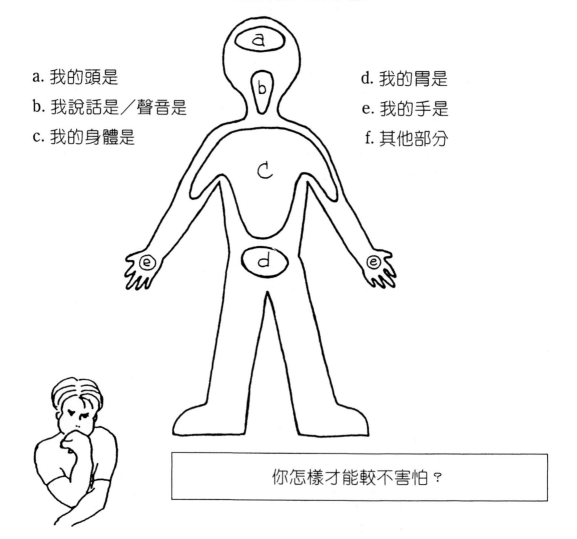

a. 我的頭是

b. 我說話是／聲音是

c. 我的身體是

d. 我的胃是

e. 我的手是

f. 其他部分

你怎樣才能較不害怕？

◙ 相對遊戲 ◙

 連接兩邊相互對立的字詞,有些詞語是你可能會害怕的,將它們圈選出來。

黑暗	生病
大聲喊叫	白天
玩	爸爸
單獨	小的
健康	處罰
夜晚	光亮
小孩	在一起
媽媽	安靜
大的	工作
獎勵	大人

當外星人小不點覺得光榮時,他的觸角又直又挺,並且閃閃發光。

「這是覺得光榮的我。」

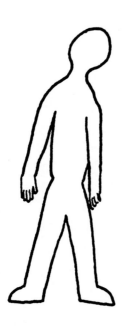 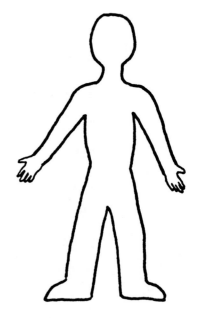

 劃掉那個不覺得光榮的人。現在將你的臉畫在自覺光榮的人身上,你能想到曾經覺得榮耀的時刻嗎?

我們每一個人依自己的表現方式而顯得特別嗎?
什麼方式會讓你覺得自己很特別?

如果你完成下列的事……，你將會感覺到……

- 你完成了所有的作業
- 你對學校課業盡了最大努力
- 你以具有運動員的精神去玩遊戲
- 你是別人的一位好朋友

今	朋	友	父	親
天	動	物	他	人
感	早	園	母	親
覺	光	學	老	師
晚	上	校	榮	上
明	值	公	車	生
天	日	腳	踏	車

「感覺寂寞」字詞連結

寫下在寂寞時可做的事情。

1. _____

2. _____

3. _____

4. _____

5. _____

6. _____

圈出可以描述你多常感到寂寞的詞語來。

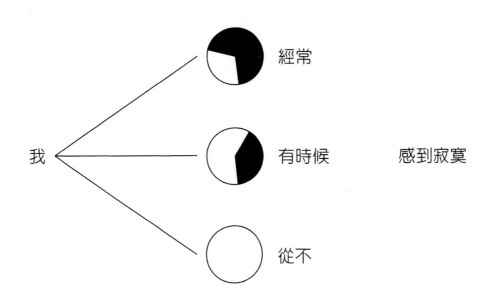

「感覺興奮」選選看

 下面有幾個當你覺得高興或興奮時你想做的事,請將你想做的事挑選出來,並請塗上顏色。

□

跑跟跳

□

笑

□

大聲說話

□

親親跟抱抱

□

其他

你是一部戲劇的作者及導演,請描述劇中會讓你感到興奮的場景。

脚本

地點:_____

演員:_____

活動:_____

日期:_____

劇長時間:_____

你的臺詞:_____

_____

你將多興奮?_____

「感覺挫折」句子完成

在下面的框框裡，選出最適合完成句子的方法……

透過……的方式，某人可以幫我消除挫敗感。

☐

擁抱我

☐

讓我一人獨處

☐

為我做某件事

☐

和我說話

當＿＿＿＿＿＿＿＿＿＿＿＿＿＿＿＿＿時，我最常感到挫折。

「感覺挫折」密碼遊戲

使用下面的密碼，拼出重要的訊息來。

1	2	3	4	5	6	7	8	9	10	11	12	13	14	15
感	是	業	當	知	踢	西	道	著	在	折	哭	我	到	或

16	17	18	19	20	21	22	23	24	25	26
喔	候	泣	挫	忙	作	很	時	寫	的	東

4　13　10　12　18　　　　6　26　7　15　2　20　9　24　21　3　25　23　17
＿　＿　＿　＿　＿　、　＿　＿　＿　＿　＿　＿　＿　＿　＿　＿　＿　＿　＿　，

13　5　8　13　1　14　22　19　11　16
＿　＿　＿　＿　＿　＿　＿　＿　＿　＿　！

當＿＿＿＿＿＿＿＿＿＿＿＿＿＿＿＿時，我最常感到挫折。

用線將屬於同樣的學校上課科目連接起來。

這裡是我寫得最好看的親筆簽名：

填上你給自己的獎狀。

這個獎狀是要頒給＿＿＿＿＿＿＿＿＿＿＿＿，因為他／她在

＿＿＿＿＿＿＿＿＿＿＿＿表現得很棒。

他／她在這些方面盡了最大的努力而表現很棒：

＿＿＿＿＿＿＿＿＿＿＿＿＿＿＿＿＿＿＿＿＿＿＿＿

＿＿＿＿＿＿＿＿＿＿＿＿＿＿＿＿＿＿＿＿＿＿＿＿

＿＿＿＿＿＿＿＿＿＿＿＿＿＿＿＿＿＿＿＿＿＿＿＿

＿＿＿＿＿＿＿＿＿＿＿＿＿＿＿＿＿＿＿＿＿＿＿＿

有一天我希望能在＿＿＿＿＿＿＿＿＿＿＿＿＿＿表現很棒。

「感覺無聊」圖畫完成

外星人小不點今天覺得很無聊，他說「閒得發慌」，我們告訴他做哪些事情可以讓自己快樂起來，劃一條線來連接他和那些他可以玩的遊戲，你還能想到他可以做的其他事情嗎？

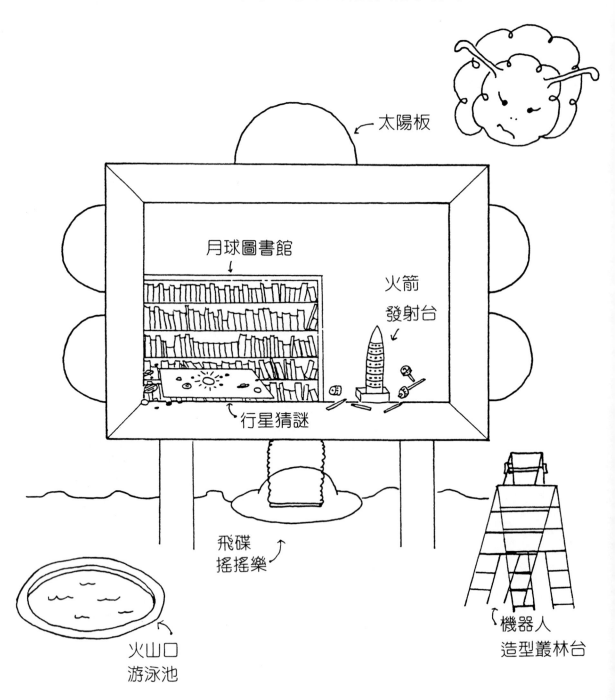

「我的無聊感覺」

 找出最適合描述你的句子。

1. 我_____會覺得無聊
   □常常
   □有時候
   □從不

2. 無聊時，我通常會……
   □找點事做
   □找麻煩
   □其他_____

3. 無聊時，我通常會感覺到……
   □沮喪
   □生氣
   □寂寞

4. 我覺得無聊可能是因為……
   □我沒有找一些事來做
   □我不認為獨處是件好事
   □我沒有為自己負責任
   □其他_____

第四章　情緒覺察和溝通的相關活動◈ 99

「感到疲倦」圖畫完成

 你知道機器人感到疲倦是因為他們

1. 打呵欠　　　2. 不高興　　　3. 功能不佳　　　4. 想睡覺

請你畫出機器人疲倦時做或表現出的每件事

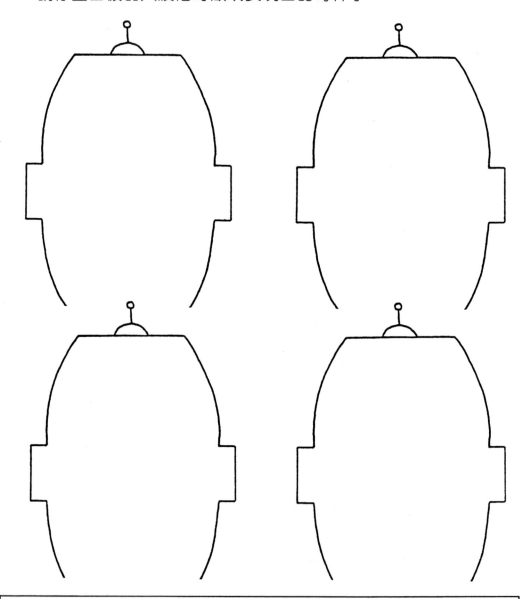

重要訊息：

　　有時候我們感到疲倦時，事情會變得更糟。

「感到疲倦」相對遊戲

 在兩邊相互對立的語詞上畫線相連接，所有的語詞必須和我們會覺得疲倦有關。

早的	清醒的
上床時間	晚上
暴躁的	家
遊戲	參與
想睡覺的	經常
早晨	早晨時光
觀看	孤單
學校	遲的
從不	溫和的
在一起	工作

現在圈選出當你覺得疲倦時的字詞。

畫一條線來連接下面圖案到它所屬的「家的感覺圖」。

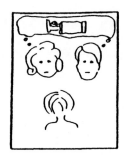

當我從學校回到家時，我覺得……

當我帶朋友來家裡玩時，我覺得……

當家裡有爭吵時，我覺得……

當家裡出了問題時，我覺得……

如果「爸媽離婚了」，就把這頁影印下來，將父母雙方家庭做合適的練習。

「在家」的感覺圖

為每位家庭成員畫出他們在家最常有的臉譜,如果需要,還可增加臉譜,並請寫下每張臉的情緒。

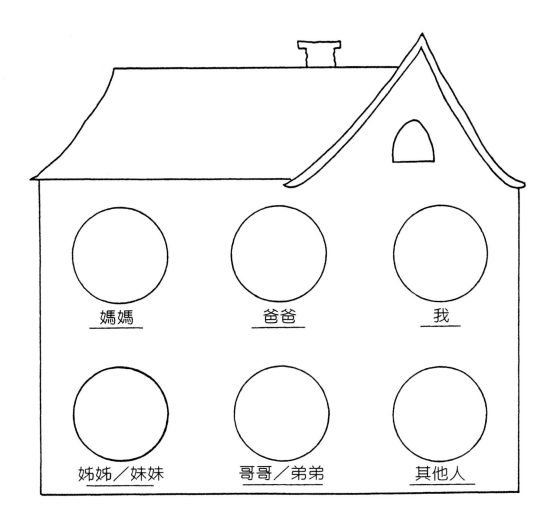

媽媽　　　　　　爸爸　　　　　　我

姊姊／妹妹　　　哥哥／弟弟　　　其他人

如果「爸媽離婚了而我有兩個家」,將本頁影印下來並分別填上這些臉譜。

「我對爸媽的感覺」

畫一條線連接下面的圖案到它所屬的「爸媽情緒圖」。

當我違抗父母時，
我覺得……

當我聽到他們說我
的好話時，我覺得
……

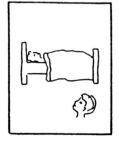

當爸或媽生病時，
我覺得……

當他們對我非常生
氣時，我覺得……

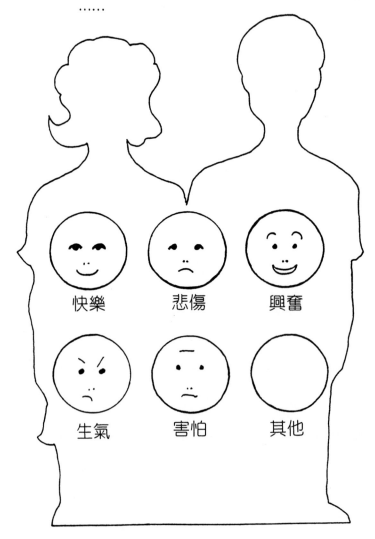

快樂　　悲傷　　興奮

生氣　　害怕　　其他

「我對爸媽的感覺」

 透過情緒迷宮來找到出口，請留意箭頭的方向可能會誤導你的判斷。結束時你將找到對父母感覺的訊息。

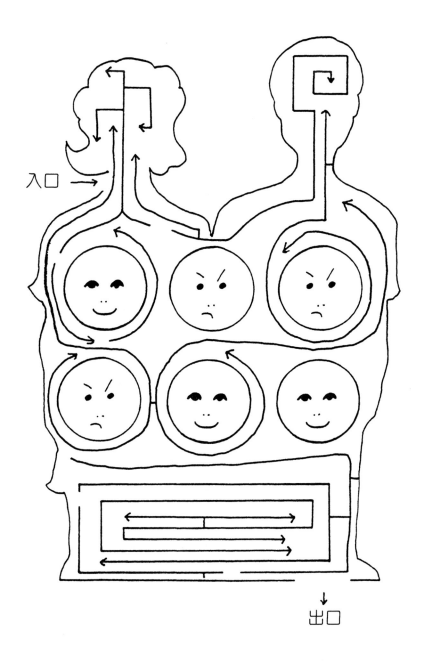

每個人在不同時刻對父母可能同時感到愛和生氣，那你呢？

「我對朋友的感覺」

畫一條線連接下面圖案到它所屬的「朋友情緒圖」。

當我第一次遇見一個陌生小朋友，我覺得……

當其他小朋友笑我時，我覺得……

當沒人和我玩時，我覺得……

當我和朋友吵架時，我覺得……

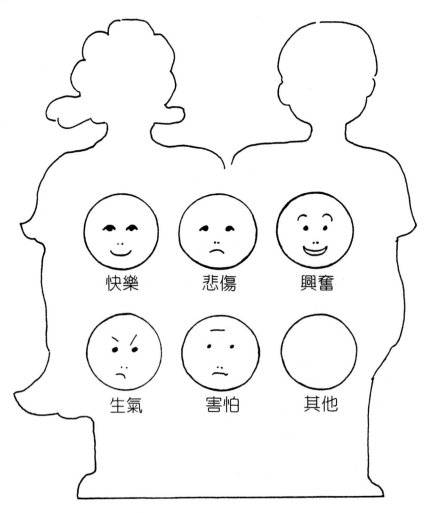

快樂　　悲傷　　興奮

生氣　　害怕　　其他

密碼訊息遊戲

以下有一句話是有關於和朋友之間的情形，不過卻遺漏了兩個語詞。
你可以動動腦、利用提示找出答案來嗎？解答的提示是：

1. 一個框框就可以找出一個語詞。
2. 將框框中重複出現的字劃掉。
3. 將剩下的字重組成正確的語詞，並分別填入空白處。

(1)

可	貝	採	當	沒	行	心	對	有	可	機
貝	當	候	心	沒	採	機	時	行	對	

(2)

歡	天	好	成	困	鐘	非	石	困	天	宮
宮	喜	好	非	鐘	石	成	怡	所	所	怡

_____每個人都會感覺到沒有人_____自己。

你有同樣的感覺嗎？

「我在學校的感覺」

 畫一條線連接下面圖案到它所屬的「在校情緒圖」。

   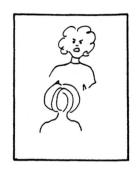

當我來到學校，我
覺得……　　　當老師似乎不公平
時，我覺得……　　當我不會寫作業
時，我覺得……　　當老師對我大聲怒
吼時，我覺得……

快樂　　　悲傷　　　興奮

生氣　　　害怕　　　其他

「我在學校的感覺」

以下所列的是各種不同的感覺。你在學校的什麼時候會有以下的情緒？把它寫下來。

快樂的 _____

悲傷的 _____

生氣的 _____

害怕的 _____

光榮的 _____

不好意思的 _____

疲倦的 _____

興奮的 _____

找出句中缺空的單字。

沒有一個人是被_____所喜愛的。

他人	經理
鄰居	演藝人員
遊客	所有的人
父母	壞人
兄弟	好人
陌生人	亞洲人
軍人	小孩子
外國人	大人

什麼是更重要的？是受歡迎還是喜歡你自己？

使用以下密碼拼出重要訊息。

1	2	3	4	5	6	7	8	9	10	11	12	13	14	15
但	能	受	這	沒	如	感	己	有	面	夠	何	要	個	制
16	17	18	19	20	21	22	23	24	25	26	27			
人	去	控	自	的	對	是	決	每	都	定	些			

5　9　16　2　11　18　15　19　8　20　7　3

＿　＿　＿　＿　＿　＿　＿　＿　＿　＿　＿　＿　，

1　22　24　14　16　25　2　11　23　26　19　8　13　6　12　17　10

＿　＿　＿　＿　＿　＿　＿　＿　＿　＿　＿　＿　＿　＿　＿　＿　＿

21　4　27　7　3

＿　＿　＿　＿　＿　。

快樂的

悲傷的

生氣的

光榮的

受傷的

你能想到一些重要例子嗎?

第5章

家庭的相關活動

　　這一章將談到家庭的相關活動。那些受虐、被忽略、被拋棄，因父母離異或其他壓力使家人關係緊張扭曲的兒童都可以從這些諮商治療性的遊戲獲益。諮商員最好在個別諮商的情境下談家庭議題，兒童需要一些自我私人空間才能開放心中較敏感、隱私的部分。

　　在表九中會說明本章節之活動主題是關於家庭。該表能提供讀者指導說明，對兒童的家庭問題做合適的介入，本章的活動可用在諮商中期。

表九 ◆ 家庭的相關活動

頁數	活　　動	主　　題
116 117	「在家中的人」 「畫我的家」	確認家庭成員平日的互動 兒童對他（她）家庭的覺察
118 119	爸爸和媽媽 爸爸和媽媽	引出兒童更深層的自我揭露
120 121	畫出兄弟姊妹 兄弟和姊妹	探索兒童和手足的關係
122	「我的親戚」	確認兒童親戚的狀況
124 125	家庭氣氛相對遊戲 家庭字詞搜尋	確認兒童在家中的感覺表達
126	多重選擇	兒童對於成為家庭好成員的反應方式 有哪些
128 129	字詞完成 字詞重組	確認家庭相處互動的時間
130 131	圖畫完成 相對遊戲	兒童在家中負向情感的來源
132 133	「特別的一天」 「特別的時光」	兒童確認家庭特別的日子

（續下表）

（承上表）

頁數	活　動	主　題
134 135	字詞完成 不愉快的日子	確認兒童在家遇到不愉快時的狀況
136 137	「家庭聚會」圖畫完成 「家庭聚會」活動計畫	兒童認爲讓家庭相聚時氣氛更好的方法
138	「頒獎給家人」	家庭中特別的事物
140 141	說再見的表情 字詞完成	探索向家人說再見的感覺

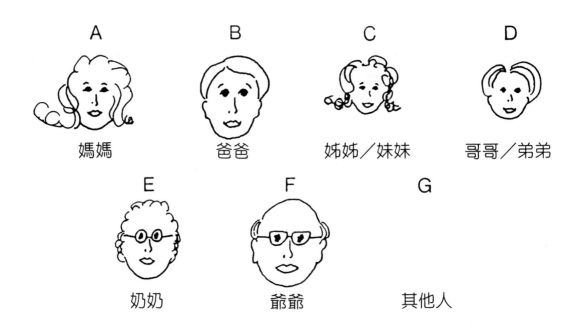

A 媽媽　　B 爸爸　　C 姊姊／妹妹　　D 哥哥／弟弟

E 奶奶　　F 爺爺　　G 其他人

 把與你住在一起的家人著上顏色，並用代表的英文字母回答下面的句子：

1. 我最喜歡跟他說話的是_____。
2. 家中最常跟我玩的是_____。
3. 家中最常跟我打架的是_____。
4. 家中最常幫我的是_____。
5. 我希望和_____同住在一起。

如果「我的父母離婚了」，請影印本頁，假如可能的話，將父親或母親兩個家裡的人都分別畫出來。

「畫我的家」

 現在將你的家人畫在下圖的客廳中。

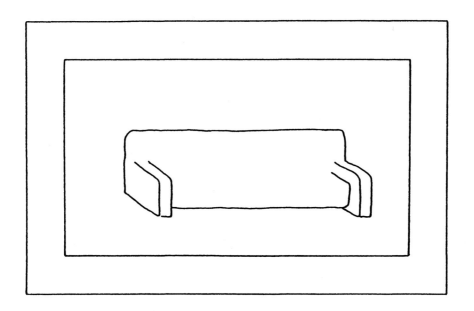

 將你處得好的家人用藍筆圈起來，將處不好的家人以紅筆圈起來。

　　如果「我的父母離婚了」，請影印本頁，假如可能的話，將父親或母親兩個家裡的人都分別畫出來。

爸爸和媽媽

媽媽　　　　　　　　　爸爸

 假裝他們是你的爸爸、媽媽。

1. 如果你和爸媽同住，把他們圈在一起；如果他們不住在一起，把和你同住的圈起來。

2. 把你最常見到面、最常說話的塗黃色。

3. 把最常處罰你的臉上打個大叉叉。

4. 你認為他最喜歡你的，在他下面畫一條線。

5. 你最期待爸媽做的一件事是什麼？＿＿＿＿＿＿＿＿＿＿＿＿＿＿

＿＿＿＿＿＿＿＿＿＿＿＿＿＿＿＿＿＿＿＿＿＿＿＿＿＿＿＿＿＿

---- ◙ **爸爸和媽媽** ◙ ----

爸爸

媽媽

 完成下面句子，勾選出合適自己的答案。

1. 我的爸爸媽媽現在是
　　☐結婚
　　☐分居
　　☐離婚

2. 大部分時間我和誰說話
　　☐爸爸
　　☐媽媽
　　☐其他人

3. 爸爸和媽媽常常
　　☐吵架
　　☐和氣相處

4. 有時候我覺得自己像我的_____

在下圖中畫出你理想中兄弟姊妹的生活狀況,記得標示出你在家中的順序(如老么、老大……等等)。

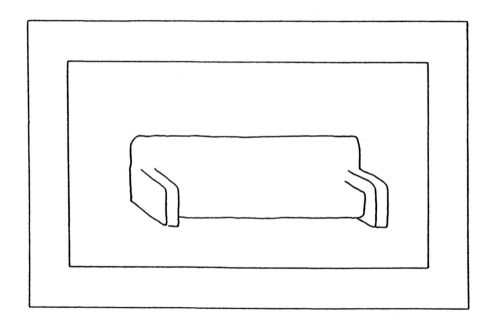

你常和你的兄弟姊妹在一起嗎?

☐是

☐有時候

☐不是

兄弟和姊妹

在句子畫線處的右側找出相反詞，連一連，並將合乎你狀況的字詞圈出來。

1. 有時我想要<u>多一點</u>的兄弟姊妹。　　　　　老么

2. 有時我希望我是<u>老大</u>。　　　　　　　　　沒有任何的

3. <u>我有許多的</u>兄弟姊妹。　　　　　　　　　處不好

4. 我和兄弟姊妹<u>處得好</u>。　　　　　　　　　少一點

5. 我<u>有</u>喜歡的手足。　　　　　　　　　　　沒有

「我的親戚」

 在下面的樹枝及樹幹上，填上親戚的名字。包括：叔叔、嬸嬸、表兄弟姊妹、堂兄弟姊妹、外公外婆、祖父祖母，或依自己家庭親戚增減。

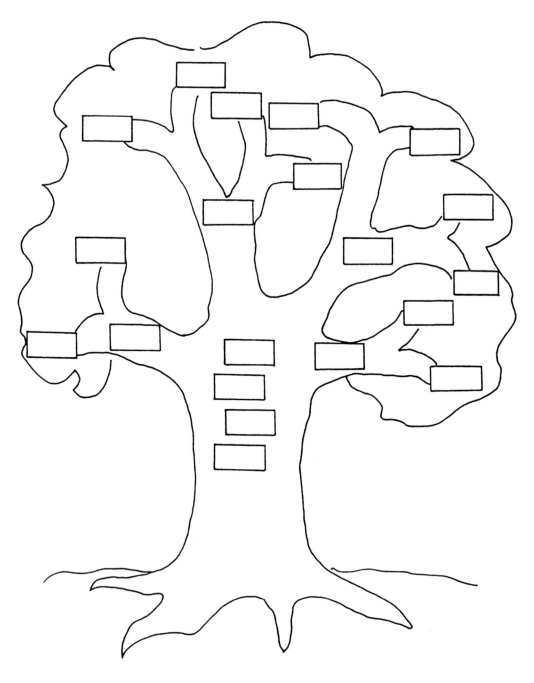

請將相對的詞連起來。所有的字詞是家庭成員能感受到的。

快樂　　　　　　　好的

可怕　　　　　　　悲傷

平凡　　　　　　　孤獨

友善　　　　　　　美好

好棒　　　　　　　糟糕

寫下兩件你以家人為榮的事情：

_____

_____

在下列英文字中找出：great（棒的）、happy（快樂的）、sad（悲傷的）、angry（生氣的）、terrible（糟糕的）、good（好的）、O.K.（沒問題的）、nice（美好的），這些單字是家庭成員在家中能夠感受到的。

```
m o g r e a t e n o
o k o f e r e r i a
p a o t e m r o c e
s a d p a t r s e r
m o n i o u i n g p
t h a p p y b a f e
r a t s i e l t e s
o a n g r y e y o y
```

寫下兩件你以家人為榮的事情：

_____

_____

外星人要移居至地球,並學習與地球人共同生活的方式。將外星人能
成為良好的家庭一份子的生活方式畫線連起來。

完成下面的英文拼字，這些事是你會和家人一起做的活動。

D＿＿ner Ti＿＿

晚餐時間

Reading a st＿＿＿＿

閱讀故事書

Going on a
t＿＿＿

去旅行

R＿＿＿＿＿ bicycles
together

騎腳踏車

將下面的拼字重新排列:

1. 假期 acvation _____

2. 晚餐 nnidre _____

3. 電影 eiovms _____

4. 談天 klatign _____

5. 點心時間 nasck-time _____

6. 電視 VT _____

7. 週末 ndekeews _____

8. 休閒 spotrs _____

這個外星人跟家人有些不愉快，寫下你認為他不高興、難過的原因。

外星人會如何處理他的不高興或難過？

以直線連接相對的字詞，這些字詞是家人處理他們的不高興或難過時用的，請圈出適合你自己的字詞。

經常	獨自
生病	窮苦
留下	爸爸
結婚	死亡
媽媽	兄弟
擁抱	談話
富有	遊戲
活著	毆打
姊妹	離開
尖叫	離婚
工作	健康
一起	從不

畫一畫你們家中特別的一天，畫出特別的地方，像食物、禮物，
或遊戲等等。

在這特別的一天我覺得_____

「特別的時光」

 在下面這台電腦中為家人設計共渡特別時光的最佳方式。

◎特別的時光家人會聚在一起做什麼？

_____

◎是一星期的哪一天？_____

◎或一天當中的哪個時刻？_____

◎誰會在呢？_____

◎做些甚麼活動？_____

◎這個時間會放入我們的行事曆當中_____

_____

下面是一些在家裡會遇到的不愉快狀況，看看你是否能拼出他們。依
序是打架、瑣碎的工作、晚了、規則、大喊、忽略。

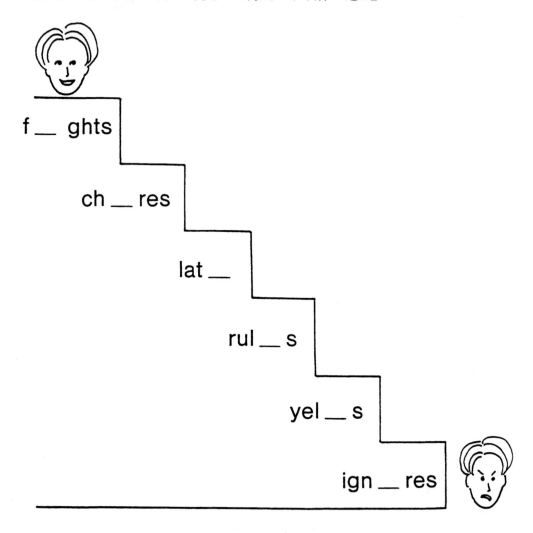

f __ ghts

ch __ res

lat __

rul __ s

yel __ s

ign __ res

圈出符合自己的狀況

說說看如何在家裡盡量避免這些不愉快？

不愉快的日子

 下面是你在家中會和家人渡過不愉快的狀況。
試著將你常遇到的圈起來，不常做的打叉。

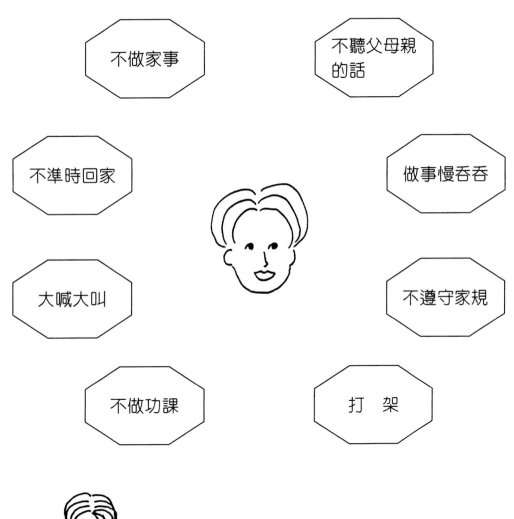

不做家事

不聽父母親的話

不準時回家

做事慢吞吞

大喊大叫

不遵守家規

不做功課

打　架

說說看在家時如何盡量避免這些不愉快？

「家庭聚會」圖畫完成

 精靈從神燈中出來，給了你一個願望：你可以畫出你理想中的家庭圖，多畫一點，越仔細越好。

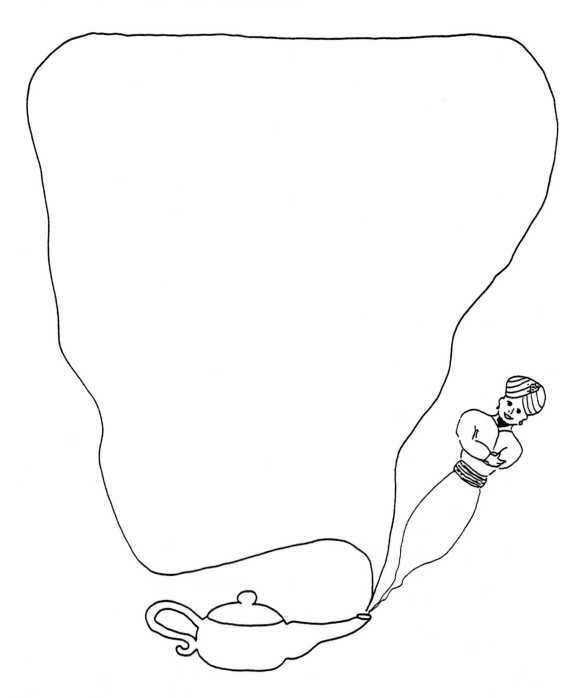

「家庭聚會」活動計畫

 現在你被指定為家人聚會活動的設計人，請你安排一次家人聚會的方式。

在家人聚會時你最想看到什麼？

_____

_____

_____

_____

_____

_____

你如何讓這些事情實現？

請你填一張獎狀給你的家人,並寫下你頒獎的原因。

特 別 獎

本獎將頒給＿＿＿＿＿＿＿＿

得獎原因是＿＿＿＿＿＿＿＿＿＿＿＿＿＿＿＿＿＿＿

＿＿＿＿＿＿＿＿＿＿＿＿＿＿＿＿＿＿＿＿＿＿＿＿＿

＿＿＿＿＿＿＿＿＿＿＿＿＿＿＿＿＿＿＿＿＿＿＿＿＿

＿＿＿＿＿＿＿＿＿＿＿＿＿＿＿＿＿＿＿＿＿＿＿＿＿

＿＿＿＿＿＿＿＿＿＿＿＿＿＿＿＿＿＿＿＿＿＿＿＿＿

＿＿＿＿＿＿＿＿＿＿＿＿＿＿＿＿＿＿＿＿＿＿＿＿＿

#1

圈選出當你和家人說再見的臉上表情。

家中最令你思念的是誰？說一說。

_____

字詞完成

將字母完成拼字，這些字都是你跟家人道再見時會有的情況：

1. 拜訪 vis __ __

2. 哭泣 cr __ ing

3. 生氣 an __ __ y

4. 勇敢 bra __ __

5. 恐懼 sca __ __ d

6. 失落 lo __ t

7. 擁抱 h __ g

8. 恐懼 afr __ __ d

9. 寬恕 forgi __ e

10. 寫下 wr __ __ e

11. 寂寞 lon __ __ y

12. 難過 s __ d

家中我最思念的人是誰？

_____

第6章

社會技巧的相關活動

　　在本章，包含了社會技巧的相關活動。這些活動可以使缺乏社會技巧的當事人受益，這些當事人包括：沒有朋友、經常和同儕打架、常常被取笑、無法維持友誼等兒童。從事兒童團體治療的實務工作者可以發現這些活動相當有用，特別是兒童處遇的目標之一就是加強社會技巧。

　　這些活動最適合用於治療過程的中期。表十「社會技巧的相關活動主題」，可讓讀者對於本章活動的主題一目瞭然。兒童治療的專業人員可以運用表十作為選擇活動的指引。

表十 ◆ 社會技巧的相關活動主題

頁數	活　　動	主　　題
146 147	「我的朋友」填填看 「我的朋友」完成句子	探索兒童對好朋友的知覺
148	地圖「遇到新朋友的地方」	協助兒童發掘找到新朋友的地方和方法
150 151	「我家附近的朋友」 「在學校的朋友」相對遊戲	探索兒童在家附近的友誼 探索兒童在校的友誼
152 153	「我最要好的朋友」迷宮遊戲 「我最要好的朋友」圖畫完成	協助兒童透露他／她的好朋友
154 155	選選看 句子迷宮	探索兒童結交朋友的擔心
156 157	「當我是他人的朋友」圈圈看 「當我是他人的朋友」廣告設計	增進兒童知覺在友誼中的特性
158	「讓我成為你的好朋友」電視廣告	協助兒童探索成為他人好朋友的方法
160 161	「我喜歡和朋友一起做的事」圖畫完成 「我喜歡和朋友一起做的事」造句	協助兒童能表達出：和好朋友在一起喜歡做的事
162 163	「告訴我的朋友」尋字遊戲 「告訴我的朋友」圈圈看	探索兒童想要和朋友說話的時候

（續下表）

頁數	活　動	主　題
164 165	「向朋友表達你喜歡他」連連看 「告訴朋友你喜歡他」遊戲	協助兒童覺察如何向朋友表達好感
166 167	「幫助朋友」 「幫助朋友」相對遊戲	協助兒童探索幫助朋友的方法
168 169	「朋友，請你幫幫我」 「朋友，請你幫幫我」密碼遊戲	協助兒童探索向朋友尋求協助的方法
170 171	友誼之路 「向朋友說對不起」	協助兒童覺察如何和朋友重修舊好
172 173	友誼長存 解碼遊戲	探索兒童長期的友誼
174 175	「感謝卡」 字詞重組	協助兒童覺察向朋友道謝的方法
176 177	「和朋友之間的問題」 重組字詞並完成句子	探索兒童和朋友之間發生的問題
178 179	友誼迷宮 「關於友誼的願望」	協助兒童找出有助於建立友誼的其他方法
180 181	「友誼長存」句子完成 「友誼長存」畫圖	協助兒童找出其他維持友誼的方法
182 183	「向朋友說再見」 道別卡	探索兒童仍然想念的朋友

「我的朋友」填填看

 你想要的朋友是……？請填在下圖中。

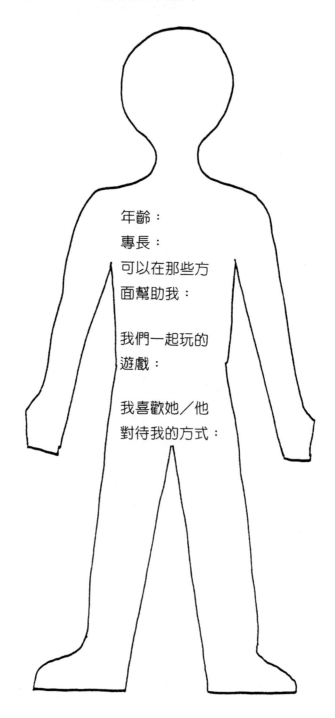

年齡：

專長：

可以在那些方
面幫助我：

我們一起玩的
遊戲：

我喜歡她／他
對待我的方式：

「我的朋友」完成句子

 下面是一些有關於你和朋友的句子，請完成句子。

1. 朋友對我而言是＿＿＿＿＿＿＿＿＿＿＿＿＿＿＿＿＿＿＿

2. 我想要擁有＿＿＿＿＿＿＿＿＿＿＿＿＿＿＿＿＿＿＿＿＿

3. 我和朋友在一起的時候，大部分的時間都在＿＿＿＿＿＿＿＿

4. 朋友通常對我＿＿＿＿＿＿＿＿＿＿＿＿＿＿＿＿＿＿＿＿＿

5. 當＿＿＿＿＿＿＿＿＿＿＿＿＿＿＿＿＿＿＿＿＿＿＿＿＿＿＿

＿＿＿＿＿＿＿＿＿＿＿＿＿＿＿＿＿＿＿＿＿，我想要朋友陪我

6. 我大部分的朋友
  □比我的年紀大一些
  □和我同年紀
  □年紀比我小一些

地圖「遇到新朋友的地方」

 這個女孩剛剛搬家，她想要交新朋友。下面是新家附近的地圖。請幫她找出最適合認識新朋友的地方，並且用線將這個女孩和這些地方連起來。你還可以想出交新朋友的其他地方嗎？

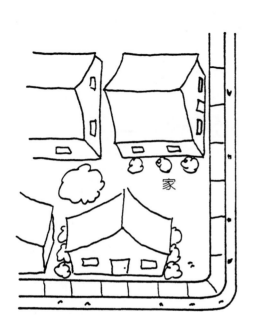

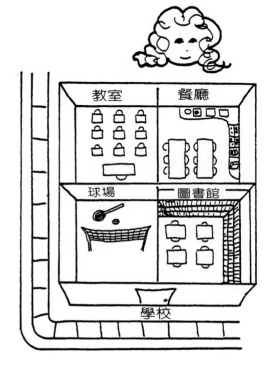

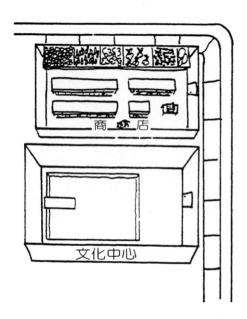

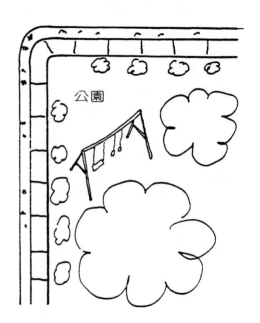

「我家附近的朋友」

 請回答下列問題：

1. 我家附近有很多小孩？
   □是
   □不是

2. 我在哪裏的朋友最多？
   □在學校
   □在家裏附近

3. 你可以怎麼做，就會在家附近擁有許多朋友？_____

_____

4. 我和家附近的朋友在一起玩時，我們通常相處得……
   □很愉快
   □普通
   □不太好

「在學校的朋友」相對遊戲

 連連看：請將相反詞連起來。你知道嗎？所有的語詞都可以完成下面的句子。

在學校的朋友可能是＿＿＿＿＿＿＿＿＿＿＿＿＿＿＿＿＿＿＿

不受歡迎的　　　　　　　　驕傲、勢利的

聰明的　　　　　　　　　　男孩

好的　　　　　　　　　　　令人愉快的

年紀比我大的　　　　　　　悲傷的

女孩　　　　　　　　　　　有趣的

謙虛、和善的　　　　　　　壞的

快樂的　　　　　　　　　　喜歡講話的

無聊的　　　　　　　　　　年紀比我小的

不愛講話的　　　　　　　　愚笨的

令人討厭的　　　　　　　　受歡迎的

「我最要好的朋友」迷宮遊戲

找到一個好朋友似乎很難。不過當你找到了,感覺真的很不錯。下面有三條線,其中有一條線可以引導你找到好朋友唷!你是否可以找得到呢?

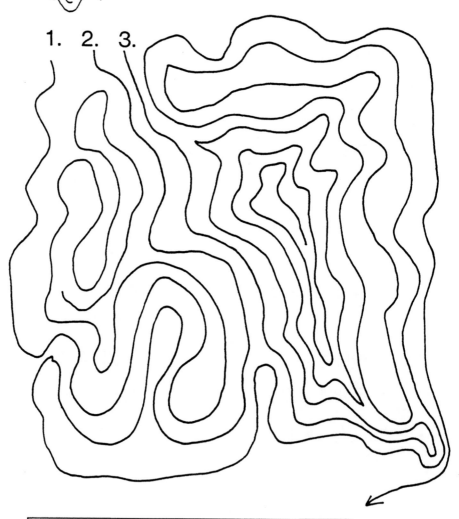

我的好朋友＿＿＿＿＿＿＿＿＿＿

年齡＿＿＿＿＿＿＿＿＿＿＿＿＿＿

居住在＿＿＿＿＿＿＿＿＿＿＿＿＿

專長＿＿＿＿＿＿＿＿＿＿＿＿＿＿

你和好朋友會在一起做什麼呢？請畫出你們會一起做的事情。

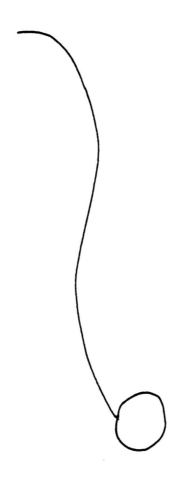

當我們想要去交新朋友時會有一些害怕。你曾經害怕嗎?請將你的害怕、擔心著上顏色。

運動時
動作不靈敏

被認為
長得不好看

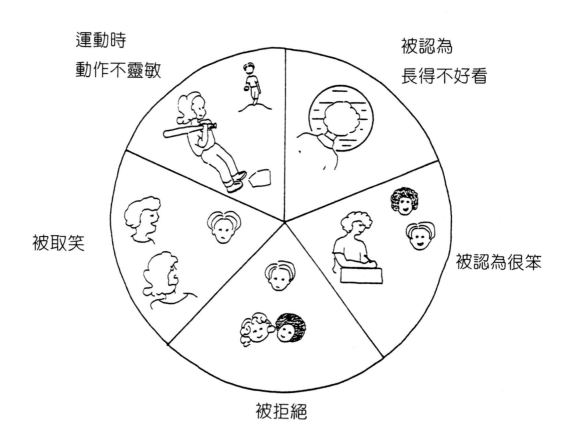

被取笑

被認為很笨

被拒絕

當你有這些擔心、害怕時,你會怎麼做?

句子迷宮

走這條路你會發現結交新朋友的訊息唷！

起點

有
H
時 F R P L 間 A Q
候 問
I C
每 D
個
必 S 如 J 人 家 B 去 入
N E
可 對
C 於 T
V U 交 W 朋 A I 友 G 會
是 D
M 感
常 Z
B 到 L 終點 心 X 信 K 沒 Y 到

如果是你，你會怎麼做？

「當我是他人的朋友」圈圈看

 當你是他人的朋友時，那些人為什麼會喜歡你呢？請將所有的原因圈起來。

樂於助人

長相好看

很會運動

聰明

長得漂亮

快樂

聆聽者

大方

優秀

友善　　　　　　　　　　　　有好玩的玩具

家庭和樂

有耐心　　　　　　　　　　　口才好

忠誠

有好看的衣服

「當我是他人的朋友」廣告設計

 如果你要登廣告來結交朋友，請在下面的告示板上，寫出或畫出你有哪些方面可以吸引朋友。

「讓我成為你的好朋友」電視廣告

 你已經想出可以幫助別人又可成為別人的好朋友的一些方法。請在電視上播出你的廣告。

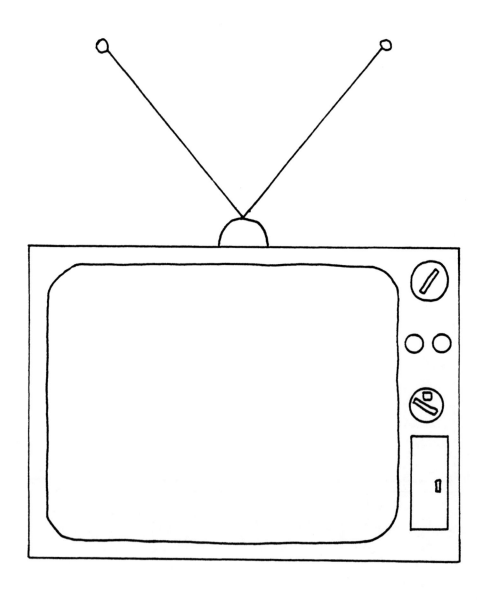

「我喜歡和朋友一起做的事」圖畫完成

 從這扇窗戶看出去，可以看到你和你的朋友很快樂的在一起。請畫出你喜歡和朋友一起做的事。

「我喜歡和朋友一起做的事」造句

請依照下列的提示，寫出你和朋友一起做這件事的時候的句子。

1.運動_____

2.電腦_____

3.回家功課_____

4.腳踏車_____

5.製造某件東西_____

6.錄音帶或 CD_____

7.錢_____

8.一起聊天_____

現在請圈出你最喜歡和朋友一起做的事。如果上面都沒有，請寫出來：
_____
_____

「告訴我的朋友」尋字遊戲

當你心中有事情的時候，能告訴朋友，感覺往往很不錯！請圈出「告訴」這個詞，並且算出「告訴」共出現了幾次？

再見方陳可若告心山再
面或許告訴會訴事成會
告別美雅在那那輔如告
訴白心中有情別在星訴
不期綠麗告訴或所告王
所地告訴能力有時訴過

「告訴我的朋友」圈圈看

圈圈看：

1. 你會和你的朋友分享什麼感覺呢？請圈出這些感覺。

| 高興 | 傷心 | 生氣 | 光榮 | 很難過 |

2. 你經常告訴朋友你的感覺嗎？

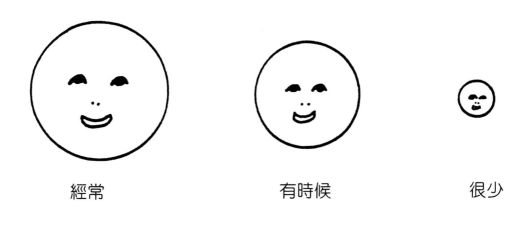

經常　　　　　　　　　　有時候　　　　　　　　　很少

3. 完成句子：「我通常告訴朋友關於我的＿＿＿＿＿＿＿＿＿。」
   請將下列適合你的情形圈起來：

困難	旅行	開心的事	其他
學校功課	玩具	嗜好	
父母	感受	參加的活動或才藝班	

「向朋友表達你喜歡他」連連看

 連連看：你如何向朋友表達你喜歡他。將左邊的文字連上右邊的圖

1. 送一份……

2. 和他一起玩你的……

3. 握一握……

4. 擁抱他或……

5. 以……聯絡朋友

6. 邀請朋友到你的……

7. 寄一封……

8. 告訴他：「我喜歡＿＿＿＿……」

「告訴朋友你喜歡他」遊戲

圖壹 1

準備數枚硬幣當骰子和代表自己的棋子。首先,丟一枚硬幣。人頭表示前進一格;反面則表示前進兩格。在每次要移動棋子之前,要向朋友說一種表示喜歡他的方法;否則留在原處不能前進。誰先到終點,誰就勝利。

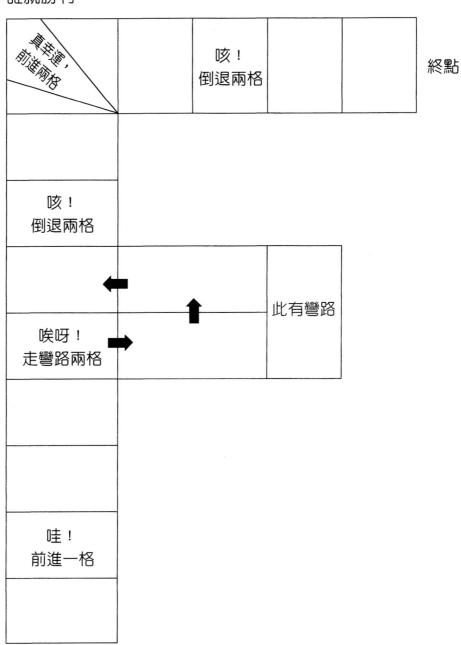

「幫助朋友」

寫寫看。

在每一根手指頭寫上你幫助朋友的方法。

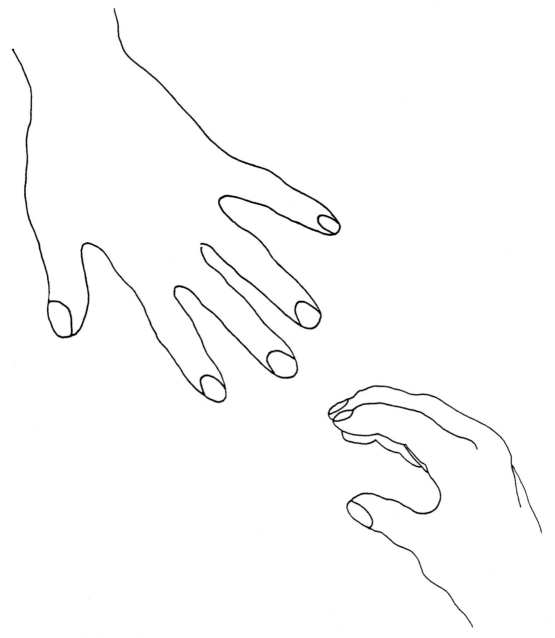

「幫助朋友」相對遊戲

(1)連連看：請將左右兩邊相反的語詞用直線連起來。

(2)將下列符合你的語詞圈起來。

接受　　　　　　　　　笑

工作　　　　　　　　　很多

一點點　　　　　　　　傾聽

家裏　　　　　　　　　傷心

說話　　　　　　　　　給予

高興　　　　　　　　　寂寞的

得到　　　　　　　　　教導

學習　　　　　　　　　不誠實

有朋友陪伴的　　　　　遊玩

打架　　　　　　　　　擁抱

哭　　　　　　　　　　邀請

誠實　　　　　　　　　學校

「朋友，請你幫幫我」

完成下列句子：

1. 我_____請朋友幫忙
   □常常　　□有時候　　□從來沒有

2. 當我需要朋友幫我的時候，我覺得_____。

　□沒什麼關係　　　　□很不好意思　　　　□生氣

3. 我傾向於_____。
   □請朋友幫忙
   □自己做好自己的事

4. 我最信賴的一位朋友是_____。

「朋友，請你幫幫我」密碼遊戲

以下是一句有關於請朋友幫忙的訊息。利用下列的密碼解出這個訊息。

1	2	3	4	5	6	7	8	9	10	11	12	13	14	15	16	17	18	19	20	21	22	23	24	25	26
受	以	右	朋	手	及	研	都	幫	生	要	接	大	是	丁	助	可	助	那	的	會	友	的	實	很	到

   9   16   4   22   2   6   12   1   4   22   9   16   8   14

—— —— —— —— —— —— —— —— —— —— —— —— —— ——

   25   18   11   23

—— —— —— ——

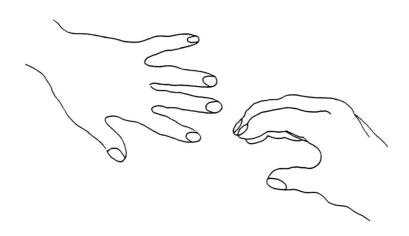

這是一條友誼之路。這條路表示朋友之間會起衝突但是也會和好。想想看，除了下列的情況，你還會用什麼方法來走完這條路呢？請填在空白的格子內。

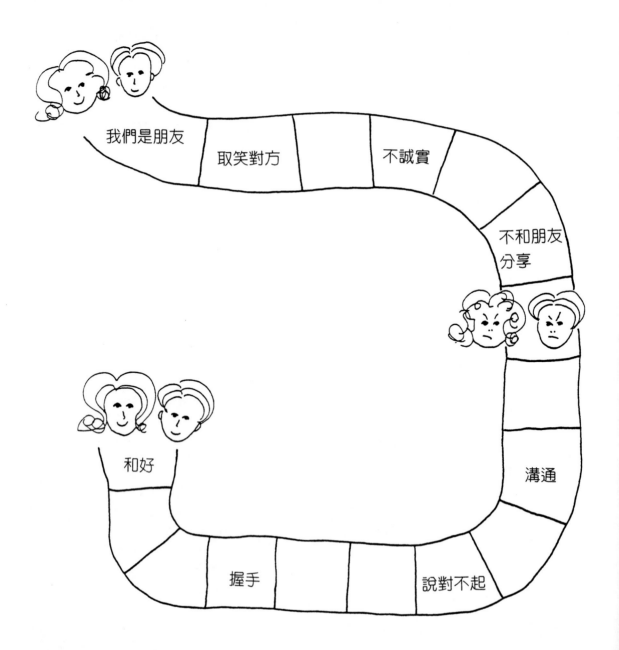

「向朋友說對不起」

勾一勾。

1. 當我傷害了朋友，我通常都知道。
   □是
   □有時候
   □不是

2. 我經常傷害朋友。
   □是
   □不是

3. 當我傷害了朋友，我通常會……
   □說對不起
   □送禮物
   □把這件事忘掉

4. 對我來說，向朋友道歉是……
   □困難的
   □容易的

5. 我想要道歉的一位朋友是＿＿＿＿＿＿＿＿＿＿＿＿＿＿。

請在花瓣上寫上所有朋友的名字,並且著色。最好的朋友著上黃色;認識最久的朋友著上紅色;最不久的著上藍色。一片花瓣上可以同時有好幾種顏色。

友誼之花

-------------------------------◪ **解碼遊戲** ◪-------------------------------

 關於下面兩句維持友誼的話都不完整，請填上漏掉的字。解碼的提示是：將出現兩次的字劃掉。之後，請重組剩下的字，並且將正確的語詞寫在劃線的空白處。

(1)的話包話久視包長視

(2)物力節力林節禮林

確定你有一些(1)＿＿＿＿＿＿＿＿＿＿＿＿＿＿＿＿＿＿＿＿＿＿友誼

他們是珍貴的(2)＿＿＿＿＿＿＿＿＿＿＿＿＿＿＿＿＿＿＿＿＿

「感謝卡」

請完成這張感謝卡來感謝朋友為你做的事。剪下這張卡片，並且好好的裝飾它。當然，別忘了將這張感謝卡送給你的朋友。

	親愛的＿＿＿＿＿＿＿＿＿＿
	我要感謝你，因為＿＿＿＿＿
	＿＿＿＿＿＿＿＿＿＿＿＿＿
	＿＿＿＿＿＿＿＿＿＿＿＿＿
	＿＿＿＿＿＿＿＿＿＿＿＿＿
	你的朋友＿＿＿＿＿

(1)當你向朋友表達感謝的時候，會作下列這些事。解碼的提示是：將出現兩次的字劃掉。之後，請重組剩下的字，並且將正確的語詞寫在劃線的空白處。

(2)想想看，你可能會做的是哪一些？請將題號圈出來。

1. 妹 物 水 妹 水 禮 ＿＿＿＿＿＿＿＿＿＿＿＿＿＿＿

2. 卡 田 和 田 和 片 ＿＿＿＿＿＿＿＿＿＿＿＿＿＿＿

3. 河 抱 海 海 擁 河 ＿＿＿＿＿＿＿＿＿＿＿＿＿＿＿

4. 吻 半 親 半 期 期 ＿＿＿＿＿＿＿＿＿＿＿＿＿＿＿

5. 話 花 打 花 津 電 沒 津 沒 ＿＿＿＿＿＿＿＿＿＿＿

6. 台 分 北 北 台 上 享 上 ＿＿＿＿＿＿＿＿＿＿＿＿

7. 和 和 的 微 事 的 事 笑 ＿＿＿＿＿＿＿＿＿＿＿＿

8. 握 開 誠 吉 誠 手 開 吉 ＿＿＿＿＿＿＿＿＿＿＿＿

請在這個袋子上寫上（或畫出）你和朋友之間曾經發生過的問題。

重組字詞並完成句子

下列所有的句子都是有關於和朋友之間發生的問題。完成句子、解碼的提示是：將框框中出現兩次的字劃掉，之後請重組剩下的字，並且將正確的語詞寫在劃線的空白處。

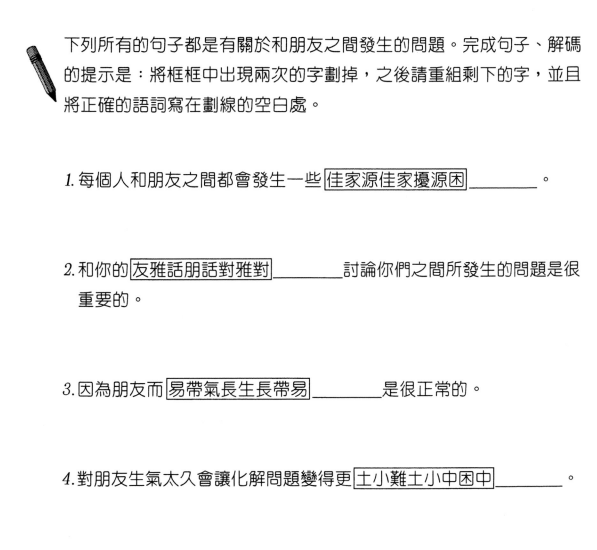

1. 每個人和朋友之間都會發生一些 佳家源佳家擾源困 _____ 。

2. 和你的 友雅話朋話對雅對 _____ 討論你們之間所發生的問題是很重要的。

3. 因為朋友而 易帶氣長生長帶易 _____ 是很正常的。

4. 對朋友生氣太久會讓化解問題變得更 土小難土小中困中 _____ 。

5. 在很多時候兩個人發生爭執其實是兩個人都有 板錯件板件沒沒 __ _____ 。

請走入迷宮找出通往真誠友誼之路。你很可能會走錯路，就像是有時候會遇到不適合自己的朋友。仔細想想要怎麼做才會獲得好的友誼呢？

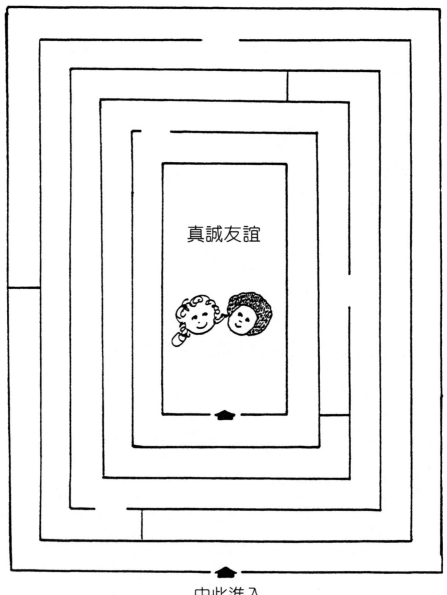

真誠友誼

由此進入

「關於友誼的願望」

許下三個有關於你和朋友的願望。請寫在下面的表格上，並且圈出其中一個你認為能力範圍內最容易達成的。然後給自己一份可以達成這個願望的作業，並且寫在以下的作業框框內。請將作業剪下來帶回家，別忘了要做作業唷！

三個友誼願望

1. _____

2. _____

3. _____

作業

我要完成第____號願望，所以我要做的是_____

_____

_____

_____

「友誼長存」句子完成

請將右邊的語詞填入左邊的空格中。再用左邊的六個短句來完成下面的句子。

「維持長久的友誼就是⋯⋯」

1. _____和朋友玩　　　　　　　感覺

2. 分享你的_____　　　　　　他人

3. 和_____交談　　　　　　　讚美

4. 對人要_____　　　　　　　經常

5. 給朋友誠心的_____　　　　關心

6. 告訴朋友你_____他　　　　和善

現在請圈出適合你的句子。

你還能想出其他維持友誼的方法嗎？_____

_____

「友誼長存」畫圖

 兩個朋友一起握住一顆球。請在球上畫出，要怎樣做才能使這兩個人的友誼長長久久。

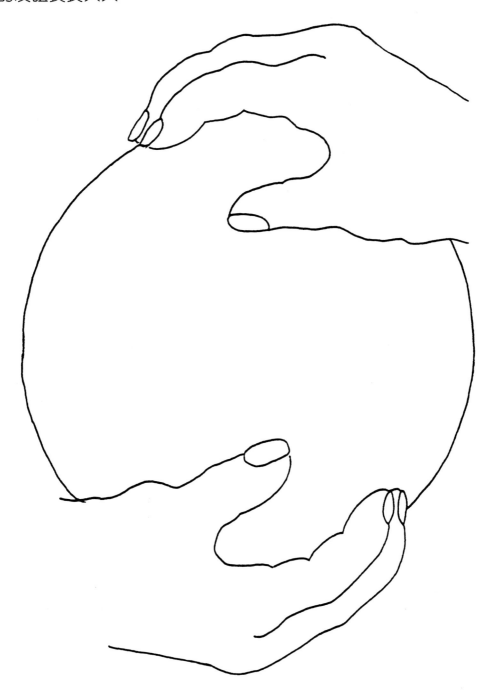

天下沒有不散的筵席。你曾必須向一些朋友道別嗎？請在下面空白的圈圈內寫上這些朋友的姓名。

我仍然想念＿＿＿＿＿＿＿＿＿＿＿＿＿＿＿＿＿＿＿＿＿＿＿

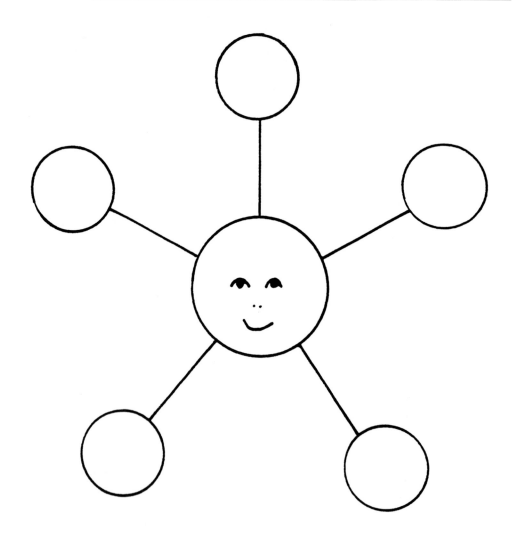

在最想念的朋友上面打 " √ "。在還來不及說再見的朋友上面打 " × "。若你們仍然還有聯絡（寫信或通電話），請在圈圈下畫一條線。

請將這張卡片填滿並且剪下來，送給一位你還來不及說再見的朋友。

我的朋友 再見！	親愛的＿＿＿＿＿＿＿＿＿＿ 我仍然想念你，因為 ＿＿＿＿＿＿＿＿＿＿＿＿ ＿＿＿＿＿＿＿＿＿＿＿＿ ＿＿＿＿＿＿＿＿＿＿＿＿ ＿＿＿＿＿＿＿＿＿＿＿＿ 你的朋友＿＿＿＿＿＿

第**7**章

學校的相關活動

　　在這一章裡，讀者能找到許多和學校有關的活動。一些可以從這些活動裡獲益的兒童包括有學習障礙的學生、有良好學習潛力但成績表現卻不理想的學生、有學校恐懼症的學生，以及那些被其他同學嘲弄的資優學生等等。治療師常會發現轉介來諮商的兒童有部分的原因是來自學校的問題。我們鼓勵讀者在兒童接受兒童諮商的同時和老師保持聯絡，這樣在評估諮商成效時能更加準確。

　　當治療已經進行到中期，治療師更能確定兒童問題的範圍後，就可以採用這些活動來幫忙處理問題了。在表十一裡，讀者能夠找到本章所涵蓋的所有活動主題。治療者可以利用這份表格來選擇和學校問題相關的活動，以利兒童問題的處理。

頁數	活　　動	主　　題
188 189	「我在學校」 相對遊戲	探索兒童對自己在學校表現的看法。
190	文字小屋	探討兒童對學校的感受。
192 193	數字的尋寶遊戲 「我和同學」	讓兒童談論他在學校的朋友。
194 195	「設計一個好老師」剪貼遊戲 「我的老師」	探討兒童對老師的感受。
196 197	「我是學生」 轉盤遊戲	探討兒童對自己身為一個學生的看法。
198 199	圖畫完成 腦力激盪	增進兒童覺察如何能在學校生活中感到快樂。
200 201	「學校裡的歡樂時光」 猜猜看	增進兒童覺察自己如何才能在學校中更快樂。
202 203	我的學校作業 相對詞遊戲	探討兒童對學校作業的看法。
204 205	閱讀填填看 解碼遊戲：故事完成	提升兒童對閱讀的感受。
206 207	迷宮 密碼遊戲	探討兒童對數學的感受。

（續下表）

頁數	活　　動	主　　題
208 209	放學後圖畫完成 放學後的遊戲	探討兒童放學後快樂的來源。
210 211	考試之路 成績單	讓兒童說出考試的感覺。 讓兒童認定理想的成績單。
212 213	出了什麼錯 字詞配對遊戲	探討兒童在學校裡不快樂的原因。
214 215	「請求幫忙」 在學校光榮的時候	探討兒童對於在學校求助的感受。 探討兒童在學校感到光榮的原因。
216 217	再見 圖畫填空	探討兒童對學校和班級的感受。

「我在學校」

請完成下面的句子。

1. 我在學校最喜愛的時光是： _____

2. 這是一個我會拼寫的字： _____

3. 這是一些我會做的數學題目： _____

4. 這是我最好看的簽名：

_____

5. 我在學校是這種學生：

☐ 傑出的學生　　

☐ 還不錯的學生　　

☐ 不太好的學生

◈ 相對遊戲 ◈

下面是一些和學校生活相關的字，請把裡面意思相反的字詞連起來，
然後把符合你的描述圈出來。

走路	精明的
傑出的	印刷
低的	有趣的
乘法	責備的
笨的	傷心的
工作	糟糕的
書寫	結束
害怕的	遊戲
開始	騎車
讚賞的	除法
高興的	高的
無聊的	舒服的

文字小屋

 請用色筆把下面文字小屋裡的字塗上顏色，記住請選擇最適合下面句子的字詞來塗上顏色喔！

「如果我不用去上學了，我會覺得＿＿＿＿＿＿＿＿＿＿＿＿＿。」

〈沒問題〉

〈沮喪〉

〈高興〉

你為什麼會這樣覺得呢？

請完成下面的填圖遊戲。先找出衛星地圖中的數字，然後用色筆把顏色填滿，接著圈出你在班上共有幾個朋友。

小朋友，你有沒有把自己算在裡面呢？

「我和同學」

完成下面的句子。

1. 我在學校有_____個朋友。

2. 我在學校最好的朋友是_____。

3. 學校裡大部分的同學認為我是_____。

4. 我和同學們所擁有的最快樂的時光是_____。

5. 我想送給我在學校的朋友們一個祝福,我想說_____

   _____。

6. 我在學校和朋友們在一起最棒的時光是_____

   _____。

「設計一個好老師」剪貼遊戲

把下面虛線的圖形剪下來，然後完成以下這個句子：「我最喜愛的老師類型是＿＿＿＿＿＿＿。」請把剪下來的部分貼在下面這位模範老師身上。

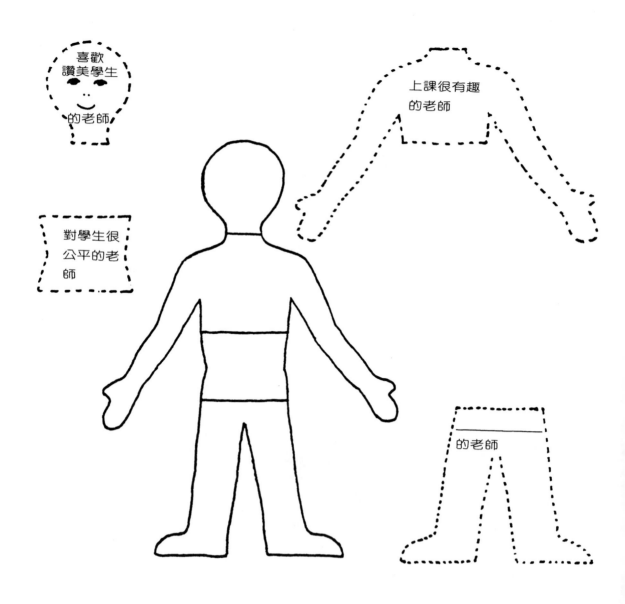

喜歡
讚美學生
的老師

上課很有趣
的老師

對學生很
公平的老
師

的老師

「我的老師」

 完成下面的句子：

1. 我最喜愛的老師是_____。

2. 我喜歡這個老師的原因是_____。

3. 我希望我的老師們能夠_____。

4. 我感到最難和老師交談的時候是
   □當我有麻煩的時候
   □當我需要幫助的時候
   □其他_____

5. 我認為大部分的老師對我都是公平的。
   □是的
   □才沒有呢

6. 我希望有一天我能和我們老師_____。

「我是學生」

 這是一幅表示過去這一個月的學校生活的日曆，請將你認為你有當一個好學生的日子塗上顏色。

	星期一	星期二	星期三	星期四	星期五
第一週					
第二週					
第三週					
第四週					

你要怎麼做才能當更多天的好學生呢？

請剪下下方的箭頭,然後把它擺在【學生表現計量器】上,用來顯示你在學校表現最好的一面。

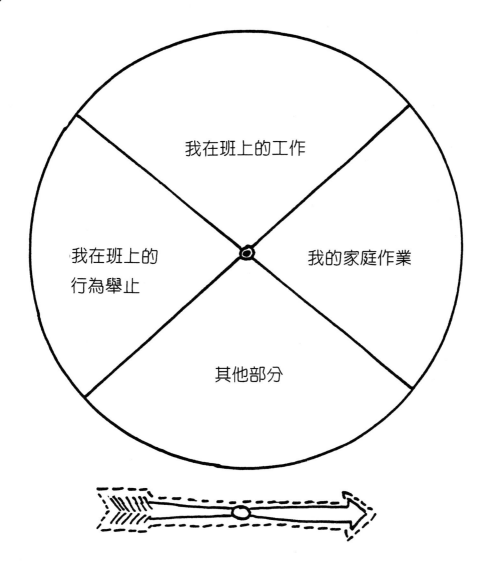

1. 你的箭頭指標會不會每一天都不一樣呢?
2. 箭頭指標每一天是怎麼改變的呢?
3. 你希望你的【學生表現計量器】如何顯示呢?
4. 你想你應該怎麼做,才能讓希望的結果真的發生呢?

▧ 圖畫完成 ▧

假如你有機會去改變你的學校,你會想要做些什麼改變來讓自己更快樂呢?請把你的好點子畫下來或寫下來吧!

你要怎麼做才可能讓學校變成你想要的樣子呢?

◙ **腦力激盪** ◙

請兩位小朋友同時寫下在學校裡要怎麼做才會讓自己快樂。當完成之後，請翻面過去，然後請兩個人比賽看誰能把剛才寫下的事情背出來。背得最多的小朋友就能獲勝了！

讓我在學校裡面感到快樂的方法是——

1. _____
2. _____
3. _____
4. _____
5. _____
6. _____
7. _____
8. _____
9. _____
10. _____
11. _____
12. _____
13. _____
14. _____
15. _____

你如何讓這些事情更常發生呢？

這裡有許多路可以通到學校。請在下圖中選擇你認為會讓你在學校裡更快樂的路去上學。如果你想一次選好幾條也可以喔！

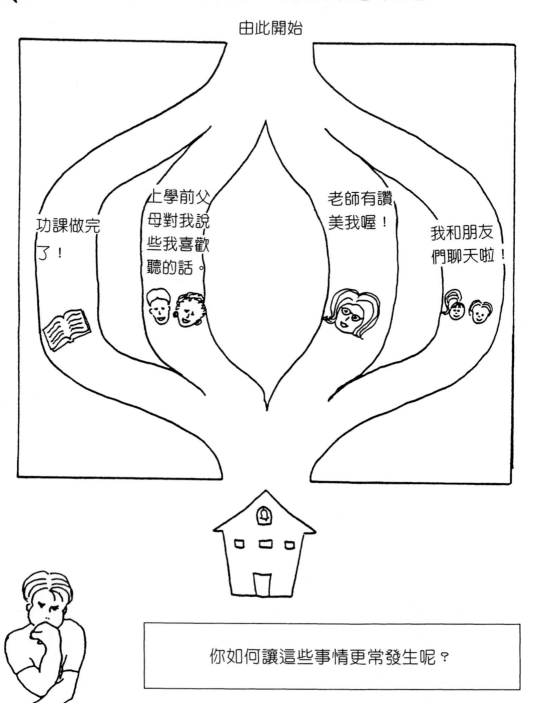

由此開始

功課做完了！

上學前父母對我說些我喜歡聽的話。

老師有讚美我喔！

我和朋友們聊天啦！

你如何讓這些事情更常發生呢？

猜猜看

所有的小朋友都有一張遊戲表，每個小朋友要在下面的表格中填上各種不同的方法，讓那個小男孩能在學校中有愉快的一天。先填完表格的小朋友就獲勝了！

請用電腦螢幕中最能描寫學校作業的字，完成下面的句子。

1. 通常我的學校作業是_____。

2. 我喜歡改進我的作業，因為這樣做能更_____。

3. 雖然作業寫得整齊很重要，但作業寫得_____更重要。

4. 雖然我的作業是_____而且_____，我想能真正了解

   作業的內容才是最重要的，因為這樣我們就能在未來運用這些知識。

相對詞遊戲

請在下面描寫學校作業的文字中，將意義相反或相對的形容詞連起來，然後把最能描寫你在學校作業情形的字詞圈起來。

雜亂的	不正確的
困惑的	低的
緩慢的	學校作業
印刷	誤解的
高的	沮喪的
正確的	傷心的
讚美的	清楚的
理解的	不好意思的
雀躍的	潔淨的
家庭作業	批評的
高興的	迅速的
驕傲的	書寫

請完成下面的句子。

閱讀對我來說是
□有趣的
□還不錯的
□不好玩的

我最喜歡的書或故事是
＿＿＿＿＿＿＿＿＿＿。

我最喜愛的讀書方式是
□一個人靜靜的看書
□別人唸給我聽
□有人陪我一起看書

我希望（誰）＿＿＿＿能多
讀一些書或故事給我聽。

請將下方的故事用下面所提供的圖片來完成。

閱讀　　　　**鑰匙**　　　　**幫助**　　　　**力量**

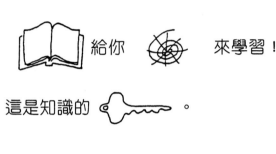 給你 來學習！

這是知識的 。

有些人喜歡自己 。有些人希望別人 給他聽。

還有些人喜歡別人 他們學習 。

當你試著自己 ，碰到一些困難是正常的。

當你請別人 你學習 也是沒有關係的。

總之，當你能夠 ，你就擁有學習的 。

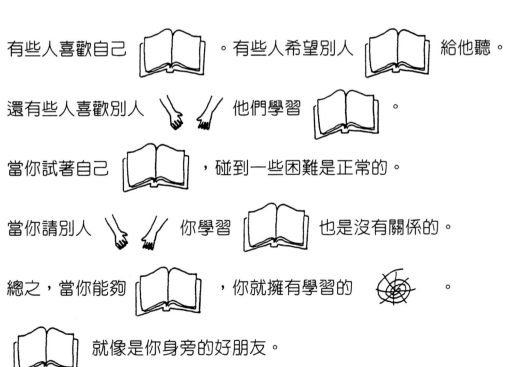 就像是你身旁的好朋友。

做數學就像過迷宮一樣，你要好好想一想。請畫線通過下面的迷宮並回答下列的問題。

開始

1. 數學對我來說是

　□容易的

　□還不會太難的

　□困難的

2.□有人幫我做題目

　□我自己會做題目

　的時候，我最喜歡數學。

3.如果＿＿＿＿＿＿＿＿＿＿＿＿＿，我就能把數學學得更好。

密碼遊戲

 請利用下面的數碼表拼出有關數學的重要訊息。

1	2	3	4	5	6	7	8	9	10	11	12	13
易	數	一	生	覺	難	有	得	些	學	困	容	很

7　3　9　10　4　5　8　2　10　13　12　1

—　—　—　—　—　—　—　—　—　—　—　—　；

7　3　9　10　4　5　8　2　10　13　11　6

—　—　—　—　—　—　—　—　—　—　—　—　。

你如何讓數學變得更有趣呢？

放學後圖畫完成

 請完成下面的圖畫。內容是關於你在放學回家後希望能做些什麼事或是希望別人能為你做些什麼事。

放學後的遊戲

圖壹
1
每個小朋友丟銅板決定誰先走。正面（人像）表示可以走一步，反面表示可以走兩步。當你走到有黑點的格子，你就要說出一件你放學回家後最想要做的事。先回到家裡的人就獲勝了。

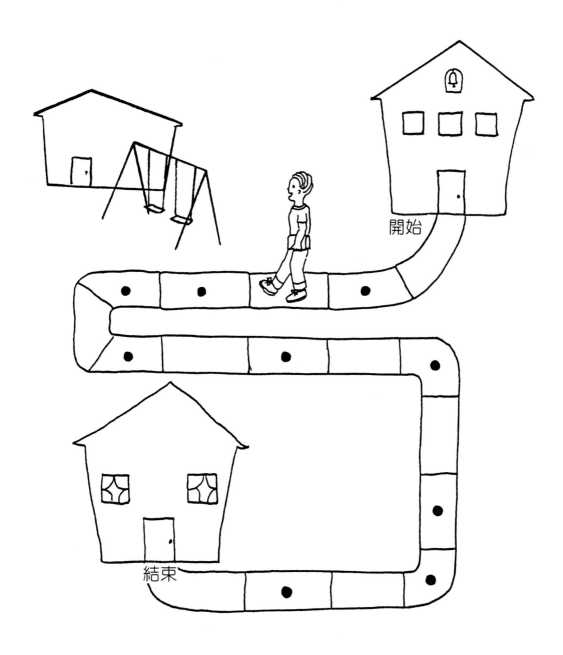

開始

結束

考試之路

 請在下面的考試步道散個步吧！然後把符合你的描述塗上顏色。

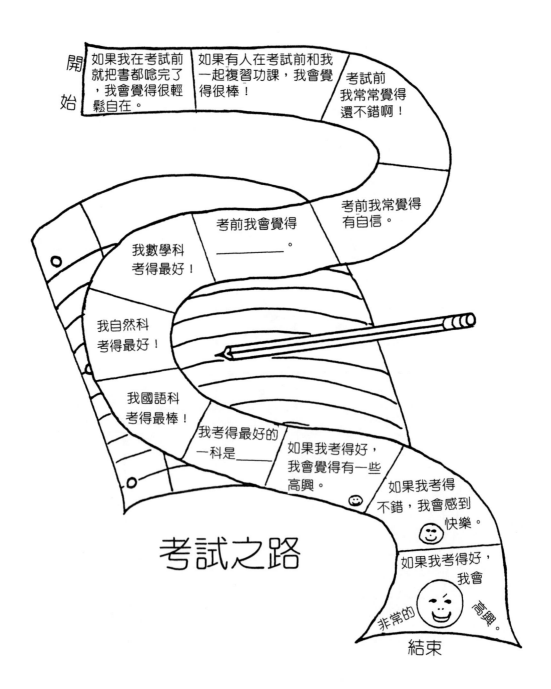

開始

如果我在考試前就把書都唸完了，我會覺得很輕鬆自在。

如果有人在考試前和我一起複習功課，我會覺得很棒！

考試前我常常覺得還不錯啊！

考前我常覺得有自信。

考前我會覺得_____。

我數學科考得最好！

我自然科考得最好！

我國語科考得最棒！

我考得最好的一科是_____

如果我考得好，我會覺得有一些高興。

如果我考得不錯，我會感到快樂。

如果我考得好，我會非常的高興。

考試之路

結束

◙ 成績單 ◙

請把你希望老師給你的成績和評語寫在下面的成績單上。

姓名＿＿＿＿＿＿＿
出席天數＿＿＿＿＿
缺席天數＿＿＿＿＿
遲到天數＿＿＿＿＿
老師評語＿＿＿＿＿
＿＿＿＿＿＿＿＿＿
＿＿＿＿＿＿＿＿＿
＿＿＿＿＿＿＿＿＿

國語＿＿＿＿＿＿＿
數學＿＿＿＿＿＿＿
自然＿＿＿＿＿＿＿
社會＿＿＿＿＿＿＿
電腦＿＿＿＿＿＿＿
體育＿＿＿＿＿＿＿
美勞＿＿＿＿＿＿＿
健康＿＿＿＿＿＿＿
其他＿＿＿＿＿＿＿

你如何知道你的成績是否有進步呢？

請找出下面圖畫中三種會讓你在學校開始過得不愉快的情境，想想看是什麼原因讓你在學校開始過得不愉快的呢？

字詞配對遊戲

請把下面相同意義的字連起來，然後請把能描述你在學校過得不快樂的情形的字詞圈出來。

常常	不曾
叫喊	訓導人員
生病	爭吵／打人
疲累	嘲笑
父母	老師
夜晚	不整齊
導師	晚上
嘲弄	經常
打架	早晨
從來沒有	尖叫
混亂	不舒服
早上	想睡的

「請求幫忙」

請選擇最符合你的想法的答案，然後把下方的字塗上顏色。

1. 你會向同學請教如何寫功課嗎？
   □當我不會做功課的時候，我就會向同學請教如何寫功課
   □我很少向同學請教如何寫功課
   □我經常向同學請教如何寫功課

2. 當我在學校請求同學幫忙的時候，我會覺得
   □很好
   □有一點不好意思
   □其他＿＿＿＿＿＿＿＿＿＿＿＿＿＿＿＿＿。

在學校光榮的時候

請剪下下面的方格，然後把它們貼在字母 P 上面。請把能讓你在學校裡感到光榮的部分圈出來，然後在空白的格子裡填上其他的方法。

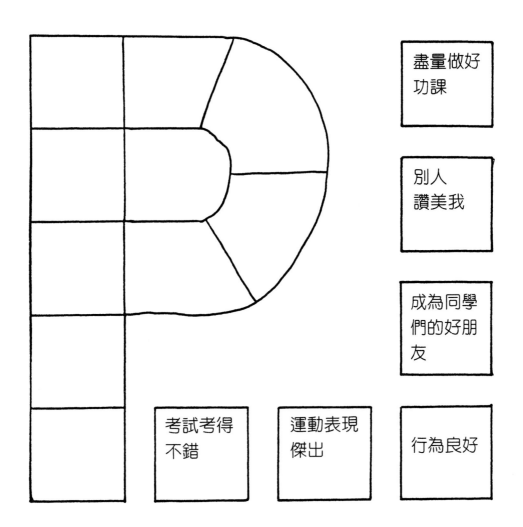

請完成下面的句子。

1. 學校已經放假了！

2. 我最懷念的老師是_____。

3. 每年放暑假的時候，我會覺得

☐高興 　　　☐悲傷

☐還可以啦 　　　☐其他

在每一個學年結束的時候，你能做
些什麼好讓自己感到舒服一點呢？

　　要離開你所喜愛的學校一定是一個令人傷心的經驗。如果你將要畢業了，請想一想有哪些部分是你會懷念的，然後把它們寫在下面那顆心的空格裡。

你如何表達喜歡和懷念這些
學校生活的點點滴滴呢？

第**8**章

結束與追蹤的相關活動

本章包含一些結束與追蹤的相關活動。當實務工作者欲結束治療關係時，可以使用本章的活動作為結束；這些活動也很適合作為未來追蹤的處遇。一般而言，這些較具結構性及遊戲性質的活動，可以幫助兒童更自在的表達。此外，這些活動可以協助兒童發覺自己在治療中的進步，處理因結束所導致的悲傷，並且協助兒童發掘其他的支持來源。追蹤的處遇可以評估兒童維持何種改變以及確認因治療結束所導致的問題是否還存在。

讀者從表十「結束與追蹤的相關活動主題」，可以對本章的活動一目瞭然，實務工作者可以運用表十作為選擇活動的指引。

表十二 ♦ 結束與追蹤的相關活動主題

頁數	活　　動	主　　題
222 223	圖畫完成 相對遊戲	探索兒童對於與治療師結束治療關係 的感覺
224 225	字組遊戲 你記得嗎？	回顧治療關係的正向層面
226 227	圖畫填空 句子完成	協助兒童表達治療關係的價值
228 229	尋字遊戲 重組字詞與完成句子	協助兒童能反映在治療中的改變
230 231	感覺 相對遊戲	回顧兒童在情感上的成長
232 233	圖畫完成 「我和爸爸媽媽」	探索兒童與父母的關係
234 235	「現在，我和朋友之間⋯⋯」 「我的朋友」	回顧兒童在社會技巧上的進步
236 237	圖片完成 "S" 路徑遊戲	協助兒童反映出與同儕交往的改變
238 239	頒獎 相似詞遊戲	探索兒童在學校改變的知覺
240 241	完成句子 連點遊戲	反映兒童增加自信心

（續下表）

頁數	活　　　動	主　　　題
242 243	圖畫填空 腦力激盪遊戲	探索兒童尋求支持的資源
244	「新的自我」	回顧兒童已達成的重要改變
246 247	尋字遊戲 解碼遊戲	反映兒童舊有的告別經驗
248 249	填字遊戲 腦力激盪與記憶的遊戲	探索兒童可使自己快樂的方法
250	「這就是我現在的生活」	協助兒童分享現在對自己的觀感

我們就要說再見了，請將你的感覺畫出來，完成下面的圖畫。

連連看：

⑴請將左右兩邊相反的語詞用直線連起來。

⑵關於離別，你的感覺如何，請將符合你的語詞圈起來。

快樂	信心
參與	說話
愛	沒問題的
害怕	讚美
記住	推開
接受	遺忘
有煩惱的	傷心
一起	退出
批評	給予
傾聽	恨
擁抱	分開

在你和治療師（或老師）這幾次的相處之中，學到了一些有助於友情的事情。這些事情就在下面的字組之中，請找出來並且把每一組語詞塗上不同的顏色。

每位遊戲者各使用以下的表格。在你們這段友誼中，你從對方身上學到了什麼，請各自寫在下面的表格上。五分鐘以後，誰寫的最多誰就是贏家。

從你的身上我學到了：	從你的身上我學到了：
＿＿＿＿＿＿＿＿＿＿	＿＿＿＿＿＿＿＿＿＿
＿＿＿＿＿＿＿＿＿＿	＿＿＿＿＿＿＿＿＿＿
＿＿＿＿＿＿＿＿＿＿	＿＿＿＿＿＿＿＿＿＿
＿＿＿＿＿＿＿＿＿＿	＿＿＿＿＿＿＿＿＿＿
＿＿＿＿＿＿＿＿＿＿	＿＿＿＿＿＿＿＿＿＿
＿＿＿＿＿＿＿＿＿＿	＿＿＿＿＿＿＿＿＿＿
＿＿＿＿＿＿＿＿＿＿	＿＿＿＿＿＿＿＿＿＿
＿＿＿＿＿＿＿＿＿＿	＿＿＿＿＿＿＿＿＿＿
遊戲者：＿＿＿＿＿＿	遊戲者：＿＿＿＿＿＿

如果你得到六個機器人，它們可以為你做許多事，這些是治療師
或是老師以前為你所做的事。在你和治療師（或老師）之間，你
將來會想念的是哪些事情，請寫或畫在六個機器人上。

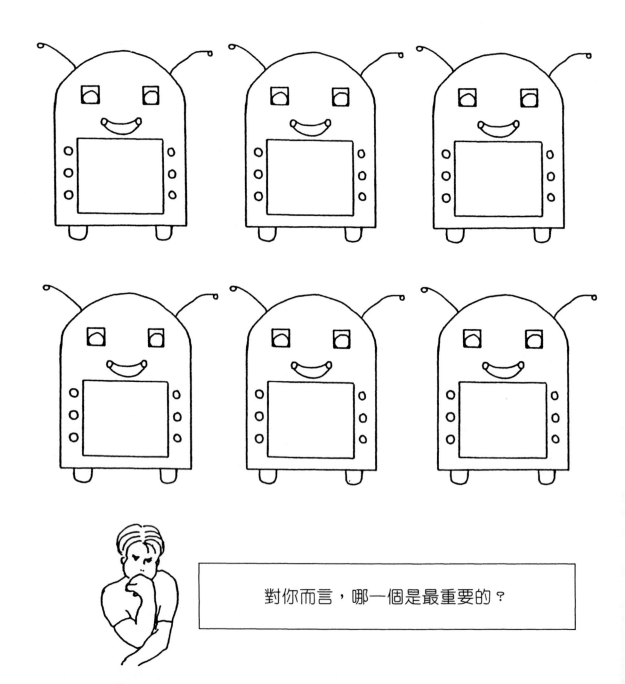

對你而言，哪一個是最重要的？

---------------------------------- ▨ **句子完成** ▨ ----------------------------------

 找出最適合你的答案並在框框中打 " √ "

1.對我而言，我和治療師（或老師）在一起的大部分時間是很好的。
　□對
　□也許對
　□錯

2.對我而言，我和治療師（或老師）在一起，我最喜歡的是……
　□友誼　　　　　　□學習
　□遊戲　　　　　　□其他

3.在這裏我最喜歡的遊戲是 ＿＿＿＿＿＿＿＿＿＿＿＿＿ 。

4.我覺得有一個很好的人每週陪我做一些事。
　□對
　□也許對
　□錯

5.我們就要告別了，我的感覺是……
　□傷心　　　　　　□又快樂又傷心
　□害怕　　　　　　□其他

有一些人、事可以幫助你對自己的觀感變得較好。請把這些人、事圈出來，然後再將符合自己情況的人或事著上顏色。共有十個答案，你能全部都找出來嗎？

煩　文　普　荐　朋　友　或　若
遊　玩　沒　都　可　會　鈦　父
新　忘　姊　妹　學　何　美　母
玫　家　庭　欣　嘉　有　趣　雅
的　兄　弟　泥　使　大　金　條
一　功　二　比　賽　問　月　介
是　課　口　學　校　卜　火　果

重組字詞與完成句子

 以下是五個你覺得自己變得更好的句子。請重組字詞並完成句子。解碼的提示是：將框框中出現兩次的字劃掉，之後請重組剩下的字，將正確的語詞寫在劃線的空白處。

1. 我 加可瑞更瑞可 ＿＿＿＿＿＿ 竹認會會竹識 ＿＿＿＿＿＿ 自己。

2. 我 友得手覺友手 ＿＿＿＿＿ 更有 心力月信力月 ＿＿＿＿＿ 。

3. 我和 的友情的情朋 ＿＿＿＿＿ 一起 日話日玩話 ＿＿＿＿＿ 的感覺變得更好了。

4. 我覺得自己在 困學中困中校 ＿＿＿＿＿ 的 業筆尺課筆尺 ＿＿＿＿＿ 石進引石步引 ＿＿＿＿＿ 了。

5. 我 在錯現件件錯 ＿＿＿＿＿ 是否更否是 ＿＿＿＿＿ 歡皮體喜體皮 ＿＿＿＿＿ 自己了。

臉部的表情可以顯露出不同的情緒,你可以畫出幾種臉部表情?
畫出之後並分別寫出你畫的是什麼情緒。

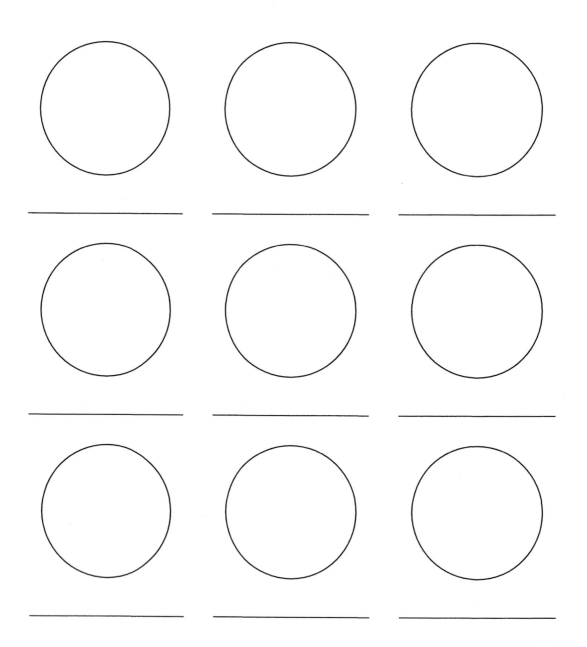

▧ 相對遊戲 ▧

連連看：

(1)請將左右兩邊相反的語詞用直線連起來。

(2)以下是一些關於了解、分享自己感覺的語詞，也許你在這方面已經
   有一些改變或進步，請將適合自己的情況圈起來。

分享	不知道
兒童	同意
生氣的	遊玩
多一些	快樂
慢慢地	朋友
爸爸	成人
傷心	說話
工作	保留
陌生人	少一些
了解	友善的
不同意	媽媽
傾聽	迅速地

◙ 圖畫完成 ◙

 現在的你可以為自己和家人做一些事。請將這些事情畫出來並且
完成下圖。

「我和爸爸媽媽」

請完成下列的句子：

1. 父母和我覺得＿＿＿＿＿＿＿＿＿＿＿＿＿＿＿＿＿＿＿＿＿＿＿。

2. 我和父母相處得比較好了，是因為＿＿＿＿＿＿＿＿＿＿＿＿＿＿

＿＿＿＿＿＿＿＿＿＿＿＿＿＿＿＿＿＿＿＿＿＿＿＿＿＿＿＿＿＿＿。

3. 父母喜歡現在的我，因為＿＿＿＿＿＿＿＿＿＿＿＿＿＿＿＿＿＿。

4. 我和父母之間，我想要改善的是＿＿＿＿＿＿＿＿＿＿＿＿＿＿＿。

5. 我的父母真好，因為＿＿＿＿＿＿＿＿＿＿＿＿＿＿＿＿＿＿＿＿。

6. 父母有我這個孩子是很幸運的一件事，因為＿＿＿＿＿＿＿＿＿

＿＿＿＿＿＿＿＿＿＿＿＿＿＿＿＿＿＿＿＿＿＿＿＿＿＿＿＿＿＿＿。

如果兒童的父母已經離婚，而且通常不會同一個時候看到他們。實務
工作者可視情況而定，影印本頁並將「父母」改為「爸爸」或「媽
媽」。

「現在，我和朋友之間……」

 請畫兩張你和朋友之間的圖畫。

(1)第一張：在你和治療師（或老師）會面的這些日子以前，你和朋友之間的情形。

(2)第二張：自從你和治療師（或老師）會面的這些日子以後，你和朋友之間的相處應該有所不同，請將相處的情況畫出來。

之前

現在

「我的朋友」

 假如有一個人即將取代你的地位一個星期，現在請你在電腦裏留下訊息：關於你的朋友以及你會和他們一起做的事。

1. 在家附近會一起玩的那一位朋友是
   ＿＿＿＿＿＿＿＿＿＿＿。

2. 在學校會一起玩的那一位朋友是
   ＿＿＿＿＿＿＿＿＿＿＿。

3. 當你需要協助，會幫忙的那一位朋友是
   ＿＿＿＿＿＿＿＿＿＿＿。

4. 當你有一些問題或困難，會和你一起討論
   的朋友是＿＿＿＿＿＿＿。

5. 你最要好的朋友是
   ＿＿＿＿＿＿＿＿＿＿＿。

6. 你和朋友會一起做什麼類型的事
   ＿＿＿＿＿＿＿＿＿＿＿＿＿＿＿＿。

以下的圖片是有關於和朋友一起玩的技巧。你進步最多的技巧是哪一個,請將這張圖片圈起來。你進步最少的技巧是哪一個,也請將這張圖片圈起來。然後,請你使出著色的最佳技術,將所有圖片都著上顏色!

我喜歡和朋友一起玩。

我和許多朋友一起玩。

我有一些交往長久的朋友。

我很少和朋友起衝突。

我和朋友爭執之後,我會去和朋友講和、重修舊好。

其他＿＿＿＿＿＿

＿＿＿＿＿＿＿＿

＿＿＿＿＿＿。

"S" 路徑遊戲

準備數枚硬幣當骰子和代表自己的棋子。首先，丟一枚硬幣。人頭表示前進一格；反面則表示前進兩格。在每次要移動棋子之前，要說一種改善和朋友相處的情形。如果在移動棋子之前忘了說改善的情形，則暫停移動一次。誰先到終點，誰就勝利。

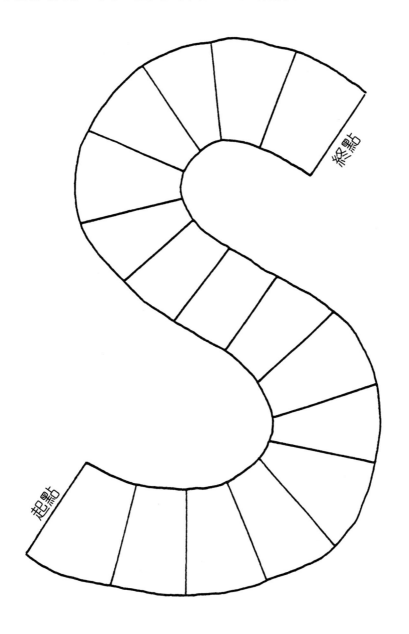

這一年你在學校最大的進步是什麼？以下是一張要頒給自己的進步獎狀，請填上它並鼓勵自己一下。

今年度我在學校最大的進步是

_____

此獎狀頒發給_____小朋友，你值得這份鼓勵因為

_____

_____

_____

_____

_____

校長

_____

#1

連連看：

(1)請將左右兩邊相似的語詞用直線連起來。

(2)現在你在學校都怎麼做、如何感覺，請將符合你的語詞圈起來。

不喜歡	喜歡
不錯	好極了
有把握的	艱困的
喜愛	了解
容易	渴望
快樂的	討厭
太好了	不難
理解	確定的
困難的	很好
想要	高興的

連連看：

右邊的語詞可以填入左邊的空格中形成完整的句子。請以直線將語詞和句子連起來。然後，將可以使你覺得更有自信的句子圈起來。

1. 我自己會去嘗試新的任務以及新的＿＿＿＿＿＿。　　　　　　犯

2. 我認為＿＿＿＿錯是可以被接受的，而且也知道世界　　　　　我自己
　　上沒有人是完美的。

3. 我可以自在、容易地給予及＿＿＿＿＿＿讚美。　　　　　　接受

4. 在其他的小朋友面前，我可以保護＿＿＿＿＿＿。　　　　　遊戲

5. 不論是對成人或是小朋友，我都可以分享自己的　　　　　　感覺
　　＿＿＿＿＿＿。

你還可以想出其他讓自己覺得更有自信的方法嗎？

◙ 連點遊戲 ◙

每位遊戲者在每一回合可以連接一點或兩點。在連接一點或兩點以前，每一個遊戲者必須說一件可以使自己更有自信的事。如果忘了說就不能連點一次。連到最後一點的人就是贏家。

什麼人、什麼事可以幫助這個男孩,請在每一個氣球裏填上這些人以及事情。想想看,最近你需要幫忙的時候是哪些人哪些事協助了你?

◢ 腦力激盪遊戲 ◣

兩位遊戲者一起腦力激盪十分鐘，想出所有可以幫助小孩的人。請將
這些人寫在下面這張表格上。當然你也可以寫上朋友的名字。然後將
這張表格翻面，兩位遊戲者都不可以看表格的內容。再來，兩位遊戲
者各在一張白紙上儘可能地寫出所有記得的人，誰記得最多誰就是贏
家。

可以幫助小孩的人

「新的自我」

(1)請完成這張自我畫像。

(2)請畫出你今天的臉蛋。

(3)請在下面框框內寫出或畫出：你在過去六個月來最大的四項改變。

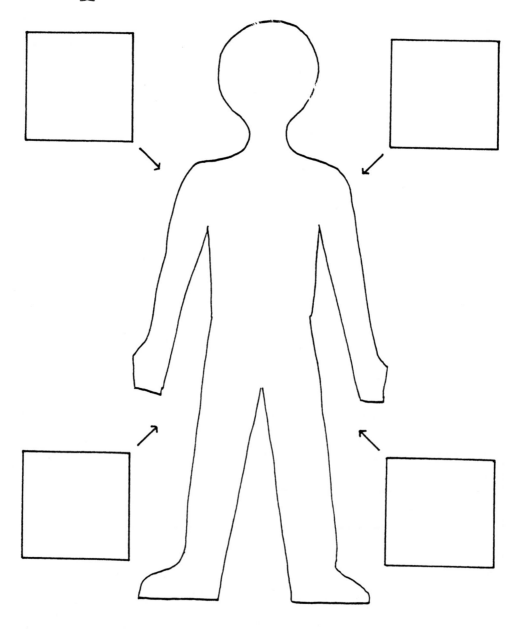

和一個特別的人說再見，總會令我們想起以前不得不說再見的情況。在以下的字群中包含了一些人，請全部圈出來。然後，想想看過去有哪些人，你不得不向他們說再見，請再用紅筆圈出來。

新五竹福仁氣的得不諮商師可或大花祖父重猶太教牧師入流最事好
　　　　　　　　　　手
兒功雅麗質伯伯叔叔姑丈姨丈舅舅屈女金同和
姑　　　　　　門　　　　　　老
姑　　　　　　田　　　　　　師
阿下章田祖母目醫生機長老教會牧師著全尼水
姨　　　　　　蛙　　　　　　哥
伯　　　　　　好　　　　　　哥
母親幫朋友母好先姊姊妹妹會山父親白否日上其口伐淡弟功雅麗質
嬸　　　　　　　　　　　　弟
嬸　　　　　　　　　　　　金
舅媽　　　　　　　　　　　日
　　　　　　　　二氣的得

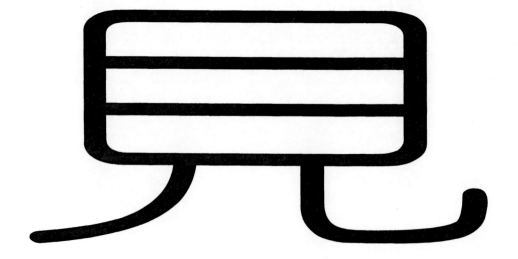

請利用下列的密碼解出這個訊息。

1	2	3	4	5	6	7	8	9	10	11	12	13	14	15	16	17	18	19	20	21	22	23	24	25	26
說	別	和	讓	一	見	再	人	往	向	離	特	別	個	以	我	人	若	的	情	別	起	形	想	亞	的

10　5　14　12　2　　19　17　1　　7　6　　4　16　　24　22

——　——　——　——　——　——　——　——　——　——　——　——　——　——

15　9　3　21　17　11　13　26　20　23

——　——　——　——　——　——　——　——　——　——

你還記得哪些人，請寫出來：＿＿＿＿＿＿＿＿＿＿＿＿＿＿＿＿＿＿

填字遊戲

請利用以下的線索，填出正確的答案。這些答案都是有關於如何照顧自己以及讓自己快樂的方法。然後請將適合自己的語詞圈起來。

橫的

1. 青菜水果麵包等
3. 為他人做事
5. 書
7. 照父母和老師的話去做
8. 把自己裝在衣服裏

直的

2. 從學校帶回來的工作
4. 爸爸和媽媽
6. 夜晚在床上

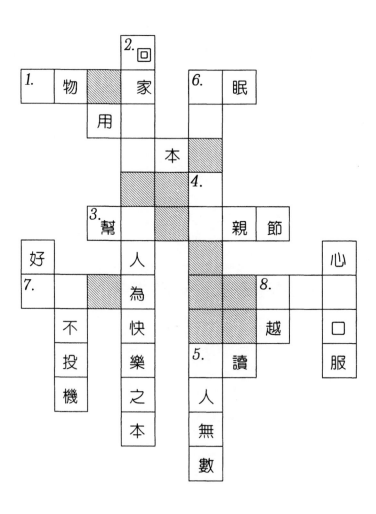

◙ 腦力激盪與記憶的遊戲 ◙

兩位遊戲者一起腦力激盪十分鐘，想出所有可以照顧自己的方法。將
這些方法寫在下面的表格上。然後將這張表格翻面，兩位遊戲者都不
可以看表格的內容。再來，兩位遊戲者各在一張白紙上儘可能地寫出
所有記得的方法。誰記得最多誰就是贏家。

照顧自己的方法

1. _____

2. _____

3. _____

4. _____

5. _____

6. _____

7. _____

8. _____

9. _____

10. _____

11. _____

12. _____

「這就是我現在的生活」

你現在的生活過得怎麼樣?畫出來吧!

補充閱讀資料

✧ 兒童發展方面

1. Ambron, S. R. (1981). *Child Development*. New York: Holt, Rinehart & Winston.
2. Ames, L. & Gessel, A. (1977). *The child from five to ten*. New York: Harper & Row.
3. Bemporad, J. R. (1980). *Child development in normality and psychopathology*. New York: Brunner-Mazel.
4. Best, R. (1983). *We've all got stars: What boys and girls learn in elementary school*. Bloomington, IN: Indiana University Press.
5. Brenner, A. (1988). *Helping children cope with stress*. Lexington, KY: Lexington Books.
6. Brooks-Gunn, J. & Schempp-Matthews, W. (1979). *He & She: How children develop their sex-role identity*. Englewood Cliffs, NJ: Prentice-Hall.
7. Damon, W. (1983). *Social and personality development: Infancy through adolescence*. New York: W. W. Norton.
8. Griffore, R. J. (1981). *Child development: An educational perspective*. Springfield, IL: Charles C Thomas.
9. Nagera, H. (1981). *A developmental approach to childhood psychopathology*. New York: Jason Aronson.
10. Worell, J. (1982). *Psychological development in the elementary years*. New York: Academic Press.

✧ 一般兒童的評量與處遇方面

1. Allan, J. & Berry, P. (1987). Sandplay. *Elementary School Guidance and Counseling, 21*(4), 300-306.
2. Amacher, E. (1984). *Play techniques in interviewing children*. Mount Dora, FL: Kids Rights.
3. Barkley, R. A. (1981). *Hyperactive Children: A Handbook for Diagnosis and Treatment*. New York: Guilford.
4. Bornstein, P. & Kazdin, A. E. (Eds.). (1985). *Handbook of clinical behavior therapy with children*. Homewood, IL: Dorsey Press.

5. Boyle, M. H. & Lowes, S. C. (1985). Selecting measures of emotional and behavioral disorders of childhood for use in general populations. *Journal for Child Psychology and Psychiatry, 26,* 137-159.

6. Cooper, S. & Wasserman, L. (1985). *Children in treatment: A primer for beginning psychotherapists.* New York: Bruner/Mazel.

7. Gladding, S. T. (1987). Poetic expressions: a counseling art in elementary school. *Elementary School Guidance and Counseling, 21*(4), 307-311.

8. Johnson, R. G. (1987). Using computer art in counseling children. *Elementary School Guidance and Counseling, 21*(4), 262-265.

9. Kagan, R. M. (1982). Storytelling and game therapy for children in placement. *Child Care Quarterly, 11*(4), 280-290.

10. Kashani, J. H. (1981). Current perspectives on childhood depression: an overview. *American Journal of Psychiatry, 138*(2), 143-153.

11. Kazdin, A. E. (1981). Assessment techniques for childhood depression. *American Academy of Child Psychiatry, 20,* 358-375.

12. Kazdin, A. E. (1988). *Child Psychotherapy: Developing and identifying effective treatments.* Elmsford: Pergamon.

13. Lawson, D. M. (1987). Using therapeutic stories in the counseling process. *Elementary School Guidance and Counseling, 22*(2), 134-142.

14. Lieberman, Florence. (1979). *Social work with children.* New York: Human Sciences Press.

15. Lord, J. P. (1985). *A guide to individual psychotherapy with school age children and adolescents.* Springfield, IL: Charles C Thomas.

16. Love, H. D. (1985). *Psychological evaluation of exceptional children.* Springfield, IL: Charles C Thomas.

17. Mash, E. J. & Terdel, L. G. (Eds.). (1984). *Behavioral assessment of childhood disorders.* New York: Guilford.

18. Mishner, J. (1983). *Clinical work with children.* New York: Free Press.

19. Oster, G. & Gould, P. (1987). *Using drawings in assessment and therapy.* New York: Brunner/Mazel.

20. Park, W. D. & Williams, G. T. (1986). Encouraging elementary school children to refer themselves for counseling. *Elementary School Guidance and Counseling, 21*(1), 8-14.

21. Powers, M. D. & Handleman, J. S. (1984). *Behavioral assessment of severe developmental disorders.* Rockville, MD: Aspen Systems.

22. Sattler, J. M. (1988). *Assessment of children.* San Diego State University: Jerome Sattler.

23. Schaefer, C. E. (Ed.). (1988). *Innovative interventions in child and adolescent Therapy.* New York: John Wiley & Sons.

24. Witmer, J. M. & Young, M. E. (1987). Imagery in counseling. *Elementary School Guidance and Counseling, 22*(1), 5-16.

25. Wohl, A. & Kaufman, B. (1985). *Silent screams and hidden cries: An Interpretation of artwork by children from violent homes.* New York: Brunner/Mazel.

評估量表／評量表

✧ 兒童自評量表（Child Self-Report Assessment Scales）

1

名稱：因應風格評估表（Assessment of Coping Style）

適用年齡：幼稚園-8 年級, 9-12 年級

出版年代：1981

編製者：Herbert F. Boyd & G. Orville Johnson

出版公司：Charles E. Merrill Publishing Co.

　　　　　1300 Alum Creek Drive

　　　　　Columbus, OH 43216

2

名稱：Cain-Levine 社交技能量表（Cain-Levine Social Competency Scale）

適用年齡：5-13 歲智能不足兒童

出版年代：1963

編製者：Leo F. Cain, Samuel Levine & Freeman F. Elzey

出版公司：Consulting Psychologists Press, Inc.

　　　　　577 College Avenue

　　　　　Palo Alto, CA 94306

3

名稱：兒童及青少年適應剖面圖（Child and Adolescent Adjustment Profile）

適用年齡：兒童及青少年

出版年代：1977-81

編製者：Robert B. Ellsworth & Shanae L. Ellsworth

出版公司：Consulting Psychologists Press, Inc.

577 College Avenue

Palo Alto, CA 94306

4

名稱：兒童焦慮量表（Child Anxiety Scale）

適用年齡：幼稚園-5 年級

出版年代：1980

編製者：John S. Gillis

出版公司：Institute for Personality and Ability Testing, Inc.

Test Services Division

P. O. Box 188

Champaign, IL 61820

5

名稱：兒童憂鬱量表（Child Depression Inventory）

適用年齡：7-17 歲

出版年代：1977

編製者：Kovacs, M. & Beck, A.T.

出處：Kovacs, M. & Beck, A. T.：An empirical-clinical approach toward a definition of childhood depression. In Schulterbrandt, Joy G. & Taskin, Allen (Eds.): *Depression in Childhood: Diagnosis, Treatment, and Conceptual Models*. New York: Raven Press, 1977, pp. 1-25.

6

名稱：兒童憂鬱量表（Children's Depression Scale）

適用年齡：9-16 歲

出版年代：1978

編製者：Moshe Lang & Miriam Tistea

出版公司：Australian Council for Educational Research

P. O. Box 210

Hawthorn, Victoria, Australia 3122

7

名稱：兒童酗酒篩選測驗（Children of Alcoholics Screening Test）

適用年齡：酗酒兒童

出版年代：1981-1982

編製者：John W. Jones & Camelot Press

        Dr. John W. Jones

        1812 Rolling Green Curve

        Mendola Heights, MN 55118

8

名稱：兒童顯著性焦慮量表（Children's Manifest Anxiety Scale）

適用年齡：兒童

出版年代：1956

編製者：Castaneda, Alfred; McCandless, Boyd R.; & Palmero, David

出處：Castaneda, Alfred; McCandless, Boyd R.; & Palmero, David: The children's form of mani-
fest anxiety scale. *Child Development*, 27, 217-326, 1956.

9

名稱：Coopersmith 自尊量表（Coopersmith Self-Esteem Inventories）

適用年齡：8-15, 16 歲及以上

出版年代：1981

編製者：Stanley Coopersmith

出版公司：Consulting Psychologists Press, Inc.

        577 College Avenue

        Palo Alto, CA 94306

10

名稱：兒童及青少年文化及自尊量表（Culture-Free Self-Esteem Inventories for
Children and Adults）

適用年齡：3-9 年級及成人

出版年代：1981

編製者：James Battle

出版公司：Special Child Publications

        4535 Union Bay Place, N.E.

        Seattle, WA 98105

11

名稱：早期學校人格問卷（Early School Personality Questionnaire）

適用年齡：6-8 歲

出版年代：1966-76

編製者：Richard W. Coan & Raymond B. Cattell

出版公司：Institute for Personality and Ability Testing, Inc.

Test Services Division

P. O. Box 188

Champaign, IL 61820

12

名稱：家庭關係測驗（Family Relations Test）

適用年齡：3-7 歲，7-15 歲，成人

出版年代：1957-1978

編製者：Eva Bene & James Anthony

出版公司：NFER-Nelson Publishing Co.

Darville House

2 Oxford Road East

Windsor Berkshire

SL4 1DF, England

13

名稱：兒童恐懼量表（Fear Survey for Children）

適用年齡：兒童

出版年代：1964

編製者：Wolpe, J. & Lang P.

出處：Wolpe, J. & Lang P. A survey schedule for use in behavior therapy. *Behavior Research and Therapy*, 2, 27-30, 1964.

14

名稱：Goodenough-Harris 繪畫測驗（Goodenough-Harris Drawing Test）

適用年齡：3-15 歲

出版年代：1926-1963

編製者：Florence L. Goodenough & Dale B. Harris

出版公司：The Psychological Corporation

757 Third Avenue

New York, NY 10017

15

名稱：口角量表（Hassles Scale）

適用年齡：兒童及青少年

出版年代：1981

出處：Kanner, Allen D., Coyne, James C., Schafer, Catherine & Lazarus, Richard S. Comparison of two modes of stress management: daily hassles and uplifts versus major life events. *Journal of Behavioral Medicine*, 4, 1-39, 1981

16

名稱：自我概念推論量表（Inferred Self-Concept）

適用年齡：未註明

出版年代：未註明

編製者：E. L. Daniel

出版公司：Western Psychological Services

　　　　　12031 Wilshire Blvd.

　　　　　Los Angeles, CA 90025

17

名稱：Jesness 量表（The Jesness Inventory）

適用年齡：心理不正常之兒童及青少年 8-18 歲，成人

出版年代：1962-1972

編製者：Carl F. Jesness

出版公司：Consulting Psychologists Press, Inc.

　　　　　577 College Avenue

　　　　　Palo Alto, CA 94306

18

名稱：兒童及青少年生活事件量表（Life Events Scales for Children and Adolescents）

適用年齡：6-11，及過 12 歲

出版年代：1981

編製者：R. Beam Coddington

出版公司：Stress Research Co.

　　　　　48 Neron Place

New Orleans, LA 70118

19

名稱：Louisville 恐懼調查表（Louisville Fear Survey）

適用年齡：6-12 歲

出版年代：1967

編製者：Miller, Louick, C.

出處：Miller, Louick, C.: Louisville behavior checklist for males 6-12 years of age. Psychological Reports, 21, 885-896, 1967.

20

名稱：Maxfield-Buchholz 社會成熟量表（用於視障學齡前兒童）
（Maxfield-Buchholz Scale of Social Maturity for Use with Preschool Blind Children）

適用年齡：嬰幼兒至 6 歲

出版年代：1958

編製者：Kathryn E. Maxfield & Sandra Buchholz

出版公司：American Foundation for the Blind, Inc.
15 West 16th Street
New York, NY 10011

21

名稱：Michigan 繪畫測驗（修訂版）（The Michigan Picture Test-Revised）

適用年齡：8-14 歲

出版年代：1953-1980

編製者：Max L. Hutt

出版公司：Grune & Stratton, Inc.
111 Fifth Avenue
New York, NY 10003

22

名稱：Missouri 兒童繪畫系列（Missouri Children's Picture Series）

適用年齡：5-16 歲

出版年代：1971

編製者：Jacob O. Sines, Jerome D. Parker & Lloyd K. Sines

出版公司：Psychological Assessment and Services, Inc.

P. O. Box 1031

Iowa City, IA 52244

23

名稱：Piers-Harris 兒童自我概念量表

（Piers-Harris Children's Self-Concept Scales）

適用年齡：3-12 年級

出版年代：1969

編製者：Ellen V. Piers & Dale B. Harris

出版公司：Counselor Recordings and Tests

P. O. Box 6184, Ackler Station

Nashville, TN 37212

24

名稱：主要自我概念量表（Primary Self-Concept Inventory）

適用年齡：幼稚園到 6 年級

出版年代：1973-1974

編製者：Douglas G. Muller & Robert Leonetti

出版公司：Teaching Resources Corporation

50 Pond Rack Road

Hingham, MA 02043

25

名稱：學校生活品質問卷（Quality of School Life Questionnaire）

適用年齡：4-12 年級

出版年代：1977-1978

編製者：Joyce L. Epstein under the direction of James M. McPartland

出版公司：Johns Hopkins University

Riverside Publishing Company

8420 Bryn Mawr Ave.

Chicago, IL 60631

26

名稱：兒童顯性焦慮量表（修訂版）

（Revised Children's Manifest Anxiety Scale）

適用年齡：未註明

出版年代：未註明

編製者：Cecil Reynolds & Bert Richmond

出版公司：Western Psychological Services

12031 Wilshire Blvd.

Los Angeles, CA 90025

27

名稱：Reynolds 兒童憂鬱量表（Reynolds Child Depression Scale）

編製者：William Reynolds

出版公司：Psychological Assessment Resources, Inc.

P. O. Box 998

Odessa, FL 33556

28

名稱：學校態度測量（School Attitude Measure）

適用年齡：4-6, 7-8, 9-12 年級

出版年代：1980

編製者：Lawrence J. Dolen & Marci Morrow Enos

出版公司：American Testronics

209 Holiday Road

Coralville, IA 52241

29

名稱：學校態度調查：我對學校的感覺（School Attitude Survey: Feelings I Have About School）

適用年齡：3-6 年級

出版年代：1970

編製者：Harold F. Burks

出版公司：Arden Press

8331 Alvaredo Drive

Huntington Beach, CA 92646

30

名稱：自我概念形容詞檢核表（Self-Concept Adjective Checklist）

適用年齡：幼稚園-8 年級

出版年代：1971

編製者：Alan J. Politte

出版公司：Psychologists and Educators, Inc.

　　　　　Sales Division

　　　　　211 West State Street

　　　　　Jacksonville, IL 62650

31

名稱：學習者自我概念量表（Self-Concept as a Learner Scale）

適用年齡：4-12 年級

出版年代：1976-1972

編製者：Walter B. Waetjen

出版公司：Cleveland State University

　　　　　Cleveland, OH 44115

32

名稱：自尊問卷（Self-Esteem Questionnaire）

適用年齡：9 歲及更大

出版年代：1971-1976

編製者：James K. Hoffmeister

出版公司：Test Analysis and Development Corporation

　　　　　2400 Park Lane Drive

　　　　　Boulder, CO 80301

33

名稱：自我觀查量表（Self-Observation Scale）

適用年齡：幼稚園-6 年級

出版年代：1974

編製者：A. Jackson Stenner & William G. Katzenmeyer

出版公司：NTS Research Corporation

Durham, NC

34

名稱：自我知覺量表（Self-Perception Inventory）

適用年齡：1-12 年級

出版年代：1965-1980

編製者：Anthony T. Soares & Louise M. Soares

出版公司：SOARES Associates

111 Teeter Rock Road

Trumbull, CT 06611

35

名稱：兒童情境特質焦慮量表（STATE-Trait Anxiety Inventory for Children）

適用年齡：4-6 歲

出版年代：1970-1973

編製者：Charles D. Spielberger in collaboration with C. D. Edwards, R. E. Lushene, J. Montuori
& D. Platzen

出版公司：Consulting Psychologists Press, Inc.

577 College Avenue

Palo Alto, CA 94306

36

名稱：兒童價值量表（Values Inventory for Children）

適用年齡：1-7 年級

出版年代：1976

編製者：Joan S. Guilford, Willa Gupta & Lisbeth Goldberg

出版公司：Sheridan Psychological Services, Inc.

P. O. Box 6101

Orange, CA 92667

37

名稱：我的想法和感覺（What I Think and Feel）

適用年齡：1-12 年級

出版年代：1978

編製者：Cecil R. Reynolds & Bert Richmond

出版公司：Dept. of Educational Psychology

University of Georgia

Athens, GA 60602

✧ 兒童評估檢核表

1

名稱：適應行為量表（智能不足及情緒障礙）

（Adaptive Behavior Scale: Mentally retarded and emotionally disturbed）

適用年齡：3 歲至成人

出版年代：1969-1975

編製者：Kazup Nihirs, Ray Foster, Max Shelhaas & Henry Leland

出版公司：American Association on Mental Deficiency

5101 Wisconsin Ave., N. W.

Washington, D. C. 20016

2

名稱：Barclay 教室評估系統（Barclay Classroom Assessment System）

適用年齡：3-6 年級

出版年代：1971-1981

編製者：James Barclay

出版公司：Western Psychological Services

12031 Wilshire Blvd.

Los Angeles, CA 90025

3

名稱：行為問題檢核表及修訂版（Behavior Problem Checklist & Revised Form）

適用年齡：未註明

出版年代：1979-1983

編製者：Herbert C. Quay & Donald R. Peterson

出版公司：P. O. Box 248074

University of Miami

Coral Gables, FL 33124

4

名稱：Burks 行為評估量表（Burks Behavior Rating Scales）

適用年齡：學齡前-8 歲

出版年代：1968-1969

編製者：Harold F. Burks

出版公司：Arden Press

8331 Alvarado Drive

Huntington, CA 92646

5

名稱：CAAP 量表（CAAP Scale）

適用年齡：兒童及青少年

出版年代：1977-1978

編製者：Robert B. Ellsworth & Shanae L. Ellsworth

出版公司：Consulting Psychologists Press, Inc.

577 College Avenue

Palo Alto, CA 94306

6

名稱：兒童行為檢核表（Child Behavior Checklist）

適用年齡：4-18 歲

出版年代：1980-to present

編製者：Thomas M. Achenbach & Craig Edelbrock

出版公司：University Medical Education Associates

One South Prospect Street

Burlington, VT 05401

7

名稱：兒童行為評量表（Child Behavior Rating Scale）

適用年齡：幼稚園至 3 年級

出版年代：1960-1962

編製者：Russell N. Cassel

出版公司：Western Psychological Services

12031 Wilshire Blvd.

Los Angeles, CA 90025

8

名稱：Conners 家長及教師量表（Conners Parent and Teacher Rating Scales）

適用年齡：未註明

出版年代：未註明

編製者：Keith Conners

出版公司：Children's Hospital National Medical Center

111 Michigan Ave., N. W.

Washington, D. C. 20010

9

名稱：Devereux 國小行為量表

（Devereux Elementary School Behavior Rating Scale）

適用年齡：幼稚園至 6 年級

出版年代：1966-1967

編製者：George Spivack & Marshall Swift

出版公司：Devereux Foundation Press

P. O. Box 400

19 South Waterloo Road

Devon, PA 19333

10

名稱：家庭環境量表（Family Environment Scale）

適用年齡：家庭成員

出版年代：1974-1981

編製者：Rudolf H. Moos & Bernice S. Moos

出版公司：Consulting Psychologists Press, Inc.

577 College Ave.

Palo Alto, CA 94306

11

名稱：Jesness 行為檢核表（Jesness Behavior Checklist）

適用年齡：10 歲以上

出版年代：1970-1971

編製者：未註明

出版公司：Consulting Psychologists Press, Inc.

577 College Ave.

Palo Alto, CA 94306

12

名稱：Louisville 行為檢核表（Louisville Behavior Checklist）

適用年齡：4-7, 7-12, 13-17 歲

出版年代：1977-1981

編製者：Lovick C. Miller

出版公司：Western Psychological Services

12031 Wilshire Blvd.

Los Angeles, CA 90025

13

名稱：兒童人格量表（Personality Inventory for Children）

適用年齡：兒童

出版年代：1977-1981

編製者：Robert Wiet, Philip Seat, William Broen, & David Lacher

出版公司：Western Psychological Services

12031 Wilshire Blvd.

Los Angeles, CA 90025

14

名稱：行為評估量表（Rating of Behavior Scale）

適用年齡：兒童、青少年、成人

出版年代：1980

編製者：Richard Carney

出版公司：Carney, Weedman & Associates

3308 Military Drive, Suite 835

San Diego, CA 92110

15

名稱：自我概念形容詞檢核表（Self-Concept Adjective Checklist）

適用年齡：幼稚園至 8 年級

出版年代：1971

編製者：Alan J. Politte

出版公司：Psychologists and Educators, Inc.

　　　　　Sales Division

　　　　　211 West State Street

　　　　　Jacksonville, IL 62650

16

名稱：學校行爲檢核表（School Behavior Checklist）

適用年齡：4-6，7-13 歲

出版年代：1977-1981

編製者：Louick C. Miller

出版公司：Western Psychological Services

　　　　　12031 Wilshire Blvd.

　　　　　Los Angeles, CA 90025

17

名稱：學校／家庭觀察及轉介系統

　　　（School / Home Observation and Referral System）

適用年齡：學齡前-3 歲

出版年代：1978

編製者：Joyce Evans

出版公司：CTB/McGraw-Hill

　　　　　Del Monte Research Park

　　　　　Monterey, CA 93940

18

名稱：社會行爲量表（Social Behavior Assessment）

適用年齡：幼稚園至 6 年級

出版年代：1978-1980

編製者：Thomas Stephens

出版公司：Cedar Press, Inc.

　　　　　P. O. Box 29351

　　　　　Columbus, OH 43229

19

名稱：Vineland 社會成熟量表（Vineland Social Maturity Scale）

適用年齡：出生至成熟

出版年代：1935-1965

編製者：Edgar A. Doll

出版公司：American Guidance Service

　　　　　Publishers' Bldg.

　　　　　Circle Pines, MN 55014

20

名稱：Walker 問題行為檢核表（Walker Problem Behavior Identification Checklist）

適用年齡：4-6 年級

出版年代：1970

出版公司：Western Psychological Services

　　　　　12031 Wilshire Blvd.

　　　　　Los Angeles, CA 90025

兒童個別治療之補充活動

✧ 情緒覺察和溝通書籍

1. Berg, B. (1989). *Anger control workbook and game.* Los Angeles: Western Psychological Services.
2. Borba, M. (1989). *Esteem builders.* Torrance, CA: Jalmar Press.
3. Cain, B. C. (1990). *Double-dip feelings.* New York: Magination Press.
4. Chandler, L. (1988). *Children under stress: Understanding emotional adjustment reactions.* Springfield, IL: Charles C Thomas.
5. Duncan, R. (1989). *When Emily woke up angry.* Hauppauge: Barron.
6. Golant, M. (1987). *Sometimes it's OK to be angry.* New York: Tom Doherty Associates.
7. Halprin, D., & Halprin, B. (1987). *Children are people too!* Deerfield Beach, FL: Health Communications.
8. Lane, K. (1991). *Feelings are real.* Muncie, IN: Accelerated Development.
9. Onizo, M. M. et al. (1988). Teaching children to cope with anger. *Elementary School Guidance & Counseling, 22,* 241-245.
10. Sharp-Molchan, D. (1989). *Our secret feelings.* Holmes Beach, FL: Learning Publications.
11. Taylor, J. (1991). *Anger control training for children and adolescents.* Doylestown, PA: Marco Products.
12. Whittington, R. et al. (1988). *Peace begins with me.* Honolulu, HI: Waikiki Community Center.
13. Wohl, A., & Kaufman, B. (1985). *Silent screams and hidden cries.* New York: Brunner/Mazel.

✧ 家庭主題書籍

1. Ackerman, R. J. (1987). *Children of alcoholics: A guidebook for educators, therapists and parents.* Holmes Beach, FL: Learning Publications.

2. Berry, J. (1987). *Every kid's guide to handling family arguments.* Chicago: Children's Press.

3. Brogan, J. P., & Maiden, U. (1986). *The kid's guide to divorce.* New York: Fawcett.

4. Brown, L., & Brown, M. 1985. *Dinosaurs divorce: A guide for changing families.* New York: Golden Books.

5. Cantrell, R. G. (1986). Adjustment to divorce: three components to assist children. *Elementary School Guidance & Counseling*, 20, 163-173.

6. Dennison, S. (1989). *Twelve counseling programs for children at risk.* Springfield, IL: Charles C Thomas.

7. Dolmetsch, P., & Shih, A. (1985). *The kids' book about single-parent families.* New York: Doubleday/Dolphin.

8. Evans, M. D. (1990). *This is me and my single parent.* New York: Brunner/Mazel.

9. Fairchild, T. N. (Ed.). (1986). *Crisis intervention strategies for school-based helpers.* Springfield, IL: Charles C Thomas.

10. Fassler, D. et al. (1988). *Changing families: A guide for kids and grown-ups.* Burlington: Waterfront Books.

11. Gardner, R. (1988). *The storytelling card game.* Philadelphia: Childwork/Childplay.

12. Graves, C. M., & Morse, L. A. (1986). *Helping children of divorce: A group leader's guide.* Springfield, IL: Charles C Thomas.

13. Hodges, W. F. (1986). *Interventions for children of divorce: Custody access and psychotherapy.* New York: Wiley & Sons.

14. Kirkland, D. C. (1985). *I have a stepfamily.* Oak Park: Aid-U Publishing.

15. Lash, M. et al. (1989). *My kind of family: A book for kids in single parent homes.* Burlington: Waterfront Books.

16. LeShan, E. L. (1986). *What's going to happen to me? When parents separate or divorce.* New York: Macmillan.

17. Manning, D. T. (1987). Books as therapy for children of alcoholics. *Child Welfare, 66,* 35-43.

18. McElligatt, K. (1986). Identifying and treating children of alcoholic parents. *Social Work in Education, 9,* 55-70.

19. Minnick, M. A. (1990). Divorce illustrated (workbook also). Self-published, 1732 Coolide Road, East Lansing, MI.

20. Pardeck, J. T., & Pardeck, J. A. (1987). Using bibliotherapy to help children cope with the changing family. *Social Work in Education, 10,* 107-116.

21. Shapiro, L. (1989). *What color are your family's dreams?* Philadelphia: Childsswork/Childsplay.

✧ 社交技巧主題書籍

1. Allred, C. (1986). *Positive action self-concept curriculum.* Twin Falls: Positive Action.

2. Anderson, J. (1985). *Thinking, changing, rearranging.* Eugene OR: Timberline Press.

3. Asher, S. R., & Hymel, S. (1986). Coaching in social skills for children who lack friends at school. *Social Work in Education* 8, 205-218.

4. Bielen, P., & McDaniel, S. (1986). *Project self-esteem.* Torrance, CA: Jalmar Press.

5. Borba, M. (1989). *Esteem builders.* Torrance, CA: Jalmar Press.

6. Dennison, S. (1989). *Twelve counseling programs for children at risk.* Springfield IL: Charles C Thomas.

7. Devenenzi, J., & Pendergast, S. (1991). *Belonging.* 2960 Hawk Hill Lane, San Luis Obispo, CA, 93405.

8. Drew, N. (1996). *Learning the skills of peacemaking* (Rev. ed.). Torrance, CA: Jalmar Press.

9. Edwards, D. M., & Zander, T. A. (1985). Children of alcoholics: background and strategies for the counselor. *Elementary School Guidance & Counseling, 20,* 121-128.

10. Farnette, C. (1985). *I've got me and I'm glad.* Culver City, CA: Social Studies School Service.

11. Gazda, G. M. et al. (1985). *Real talk: Exercises in friendship and helping skills.* Culver City: Social Studies School Service.

12. Golden, L. B. (1987). Prosocial learning groups with young children. *Elementary School Guidance & Counseling, 22,* 31-36.

13. Grim, G., & Mitchell, D. (1985). *Mostly me.* Mount Dora, FL: Kids Rights.

14. Isaacs, S., & Ritchey, W. (1989). *I Think I Can, I Know I Can.* New York: St. Martin.

15. Kaufman, G., & Raphael, L. (1988). *Stick Up For Yourself!* Minneapolis: Educational Media.

16. Kramer, P. & Frazer, L. (1989). *The Dynamics of Relationships.* Doylestown, PA: Marco.

17. L'Abate, L. & Milan, M. A. (Eds.). (1985). Handbook of Social Skills Training. New York: John Wiley & Sons.

18. LeCroy, C. W. (1987). Teaching children social skills: a game format. *Social Work, 32,* 440-442.

19. Matson, J. L., & Alendick, T. (1988). *Enhancing children's social skills: Assessment and training.* New York: Pergamon.

20. Matten, D. E. & Matten, R. M. (1985). Children who are lonely and shy: Action steps for the counselor. *Elementary School Guidance & Counseling, 20,* 129-135.

21. Morse, J. T. et al. (1985). *Kidskills: Interpersonal skill series.* Stuart: Family Skills.

22. Peale, J., & Tade, C. (1988). *In a Pickle.* Circle Pines: American Guidance Service.

23. Schilit, R., & Nichols, A. W. (1988). Responses to children's loneliness, peer pressure and relationship problems. *Social Work in Education, 10,* 165-174.

24. Schmidt, F., & Friedman, A. (1985). *Creative conflict solving for kids.* Miami Beach: The Grace Contrino Abrams Peace Education Foundation.

25. Schumaker-Bragg, J. et al. (1988). *Social skills for daily living.* Circle Pines: American Guidance Service.

26. Seixas, J. S. (1985). *What can you do to help a friend?* New York: Children of Alcoholics Foundation.

27. Sheinker, J., & Sheinker, A. (1988). *Metacognitive approach to social skill training: A program for grades 4 through 12.* Rockville, MD: Aspen.

28. Sonntag, N. (1985). Cartooning as a counseling approach to a socially isolated child. *The School Counselor, 32,* 307-312.

29. Trower, T. (1987). *The "Kid" counselor curriculum.* Doylestown, PA: Marco.

30. Whittington, R. (1989). *Peace begins with me.* Waikiki, HI: Waikiki Community Center.

31. Worzbyth, J., & O'Rourke, K. (1989). *Elementary school counseling.* Muncie, IN: Accelerated Development.

◇ 學校主題書籍

1. Bowman, R. P. (1989). Test buster pep rally. Minneapolis: Educational Media Corporation.

2. Broyles, J., & Beigel-Beck, S. (1986). Children observing peers in school. Doylestown, PA: Marco.

3. Brulle, A. R. et al. (1985). School phobia: its educational implications. Elementary School Guidance & Counseling 20, 19-28.

4. Camp, B., & Bash, M. A. (1987). *Think Aloud.* Champaign, IL: Research Press.

5. Carroll, J. (1987). *Let's learn about magnificent me.* Carth: Good Apple.

6. Cooper, J. et al. (1989). *Helping children series,* One booklet on *Motivation in School.* Philadelphia: Marco.

7. Cooper, J. & Martenz, A. (1989). *Study skills series.* Doylestown, PA: Marco.

8. Faber, A., & Mazlish, E. (1985). *How to talk so kids listen.* New York, Negotiation Institute.

9. Farnum, M. K., & Powell, B. H. (1986). Stress-reduction techniques to be used in schools. *Social Work in Education,* 9, 71-76.

10. Fisher, G., & Cummings, R. (1989). *The survival guide for kids with LD.* Minneapolis: Johnson Institute.

11. Green, L. J. (1987). *Kids who hate school: A survival handbook on learning disabilities.* New York: Fawcett.

12. Heacox, D. (1990). *Up from underachievement.* Minneapolis: Johnson Institute.

13. Kaufman, G., & Raphael, L. (1986). *Stick up for yourself.* Minneapolis: Johnson Institute.

14. Kirkland, D. (1986). *Last year I failed.* Oak Park: Aid-U Publishing.

15. McGinnis, E. et al. (1986). *Skillstreaming the elementary school child.* Champaign, IL: Research Press.

16. Morse, L. A. (1987). *Working with young procrastinators.* West Lafayette, IN: Cumberland Elementary School.

17. Nelson, J. (1985). *Positive discipline: Teaching children self-discipline, responsibility, cooperation and problem solving skills.* Fair Oaks: Sunrise Press.

18. Oldfield, D., & Petosa, R. (1986). Increasing student "on task" behaviors through relaxation strategies. *Elementary School Guidance & Counseling,* 20, 180-186.

19. Palmer, P. (1987). *Liking myself.* Minneapolis, Johnson Institute.

20. Parker, H. (1990). *Listen, look and think: A self-regulation program for children.* Plantation, FL: A.D.D. Warehouse.

21. Rommey, D. M. (1986). *Dealing with abnormal behavior in the classroom.* Bloomington, IN: Phi Delta Kappa, 1986.

22. Sheinker, J., & Sheinker, A. (1989). *Metacognitive approach to social skill training.* Frederick, MD: Aspen.

23. Shles, L. (1989). *Do I have to go to school today?* Torrance, CA: Jalmar Press.

24. Taylor, J. (1990). *Motivating the uncooperative student.* Doylestown, PA: Marco.

25. Trotter, J. (1986). *Stress education curriculum for grades 1-5.* Atlanta: Wholistic Stress Control Institute.

26. Wittner, J. & Myrick, R. (1989). *The teacher as facilitator.* Minneapolis, Educational Media Corporation.

27. Worzbyt, J. C., & O'Rourke, K. (1989). *Elementary school counseling.* Muncie, IN: Accelerated Development.

兒童書籍和期刊

✧ 自尊主題的書籍

1. Adler, David A. (1984). *Jeffrey's Ghost and the Leftover Baseball Team.* Holt, ages 4-8.
2. Bates, Betty. (1982). *That's What T. J. Says.* Holiday House, Inc., ages 9-11.
3. Bell, Neill. (1983). *Only Human.* Little, Brown & Company, grades 4-6.
4. Berry, Joy. (1987). *Every Kid's Guide to Being Special.* Children's Press, grades 3-6.
5. Brown, Tricia. (1984). *Someone Special Just Like You.* Holt, grades P-2.
6. Carle, Eric. (1975). *The Mixed-Up Chameleon.* Thomas Y. Crowell Company Inc., ages 4-8.
7. Palmer, Pat. (1982). *Liking Myself.* Impact Publishers, ages 5-9.
8. Robinson, Nancy Louise. (1981). *Ballet Magic.* Albert Whitman & Company, ages 9-11.
9. Simon, Norma. (1976). *Why Am I Different?* Albert Whitman, ages 4-8.
10. Smith, Doris Buchanan. (1981). *Last Was Lloyd.* The Viking Press, Inc., ages 8-11.

✧ 情緒覺察和溝通的書籍

1. Allington, Richard L. (1985). *Feelings.* Raintree Publishers, grades K-2.
2. Barsuhn, Rochelle N. (1983). *Feeling Angry.* Childs World, grades 1-2.
3. Bedford, Stewart. (1981). *Tiger Juice: A Book About Stress for Kids (of All Ages).* A & S Publishers.
4. Clifford, Ethel Rosenberg. (1974). *The Wild One.* Houghton Mifflin Co., ages 11 and up.
5. Dunn, Judy. (1971). *Feelings.* Creative Educational Society, Inc., ages 3-8.
6. Giff, Patricia R. (1984). *Today Was a Terrible Day.* Live Oak Media, grades K-3.
7. McGovern, Ann. (1978). *Feeling Mad, Sad, Bad.* Walker & Co., grades K-3.
8. Odor, Ruth S. (1981). *Moods and Emotions.* Childs World, grades 2-6.
9. Townson, Hazel. (1986). *Terrible Tuesday.* Morrow, grades P-3.
10. Viorst, Judith. (1972). *Alexander and the Terrible, Horrible, No Good, Very Bad Day.* Athenaeum Publishers, ages 3-8.

❖ 家庭主題書籍

1. Berman, Claire. (1982). *What Am I Doing in a Step-Family?* Lyle Stuart, Inc., ages 4 and up.
2. Drescher, Joan Elizabeth. (1980). *Your Family, My Family.* Walker & Company, ages 5-7.
3. Evans, Maria D. (1986). *This is Me and My Two Families.* Magination Press, grades 1-6.
4. Gaeddert, LouAnn Bigge. (1981). *Just Like Sisters.* E. P. Dutton & Company, ages 8-12.
5. Helmering, Doris Wild. (1981). *I Have Two Families.* Abingdon Press, ages 6-8.
6. Krasny Brown, Laurene & Brown, Marc. (1986). *Dinosaurs Divorce.* Boston: Little Brown & Company, ages 8-12.
7. Paris, Lena. (1980). *Mom is Single.* Children's Press, Inc., ages 6-8.
8. Vigna, Judith. (1980). *She's Not My Real Mother.* Albert Whitman & Company, ages 4-8.
9. Wolitzer, Hilma. (1984). *Wish You Were Here.* Farrar, Straus, & Giroux, ages 10 and up.
10. Wright, Betty Ren. (1981). *My New Mom and Me.* Raintree Publishers, Inc., ages 8-10.

❖ 社交技巧書籍

1. Berger, Terry. (1981). *Friends.* Julian Messner, Inc., ages 7-11.
2. DeReginers, Beatrice. (1986). *A Week in the Life of Best Friends.* Macmillan, grades 3-7.
3. Enderle, Judith. (1987). *Let's Be Friends Again.* Dandelion Press, grades K-3.
4. Fisher, Lois. (1986). *Arianna and Me.* Dodd, grades 4-6.
5. Gaeddert, LouAnn. (1981). *Just Like Sisters.* Dutton, grades 4-6.
6. Gaeddert, LouAnn. (1985). *Your Former Friend, Matthew.* Bantam, grades 3-6.
7. Gonzalez, Merce. (1985). *Roncho Finds a Home.* Silver, grades P-3.
8. Henkes, Kevin. (1986). *A Weekend with Wendell.* Greenwillow, grades P-3.
9. Kohler, Christine. (1985). *My Friend is Moving.* Concordia, grades P-4.
10. Lundell, Margo. (1984). *The Get Along Gang and the Big Bully.* Scholastic, Inc., grades P-2.

❖ 學校主題書籍

1. Berry, Joy. (1987). *Help Me Be Good Series.* Grolier Enterprises Corporation, grades 1-3.
2. Berry, Marilyn. (1985). *Help is on the Way for Memory Skills.* Children's Press, grades 4-6.
3. Galvin, Matthew. (1986). *Otto Learns About His Medicine.* Magination Press, grades 1-6.
4. Gambill, Henrietta. (1982). *Self-Control.* Children's Press, grades P-3.
5. Gambill, Henrietta. (1985). *Are You Listening?* Children's Press, grades P-2.
6. Gross, Alan. (1978). *Sometimes I Worry....* Children's Press, grades P-3.

7. Kheridian, David. (1983). *Right Now*. Knopf, grades 1-4.
8. Kraus, Robert. (1971). *Leo the Late Bloomer*. Prentice-Hall Books for Young Readers, grades 1-6.
9. Lindgren, Barbo. (1981). *The Wild Baby*. Greenwillow, grades P-K.
10. Moser, A. (1988). *Don't Pop Your Cork on Mondays*. King of Prussia, Kansas City, Hardrack editions, grades 2-6.

✧ 說再見的書籍

1. Berry, Joy. (1986). *Teach Me About Crying*. Children's Press, grades P-2.
2. Byars, Betsy Cromer. (1979). *Good-bye, Chicken Little*. Harper & Row Publishers, Inc., ages 9-11.
3. Coerr, Eleanor. (1979). *Sadako and the Thousand Paper Canes*. C. P. Putnam's Sons, grades 4-6.
4. Hermes, Patricia. (1982). *You Shouldn't Have to Say Good-bye*. Harcourt-Brace-Jovanovich, Inc., ages 10-13.
5. Jones, A. (1974). *So Nothing is Forever*. Houghton-Mifflin, grades 1-6.
6. Jones, Penelope. (1981). *Holding Together*. Bradbury Press, Inc., ages 9-11.
7. Rabin, G. (1973). *Changes*. Harper & Row Publishers, Inc., age 12.
8. Riley, Sue & Tester, Sylvia R. (1980-87). *What Does it Mean?* (set of 12 books on feelings). Children's Press, grades P-2.
9. Tester, Sylvia Root. (1979). *Sometimes I'm Afraid*. Children's Press, grades P-2.
10. Wright, Betty Ren. (1981). *I Like Being Alone*. Raintree, grades K-3.

✧ 兒童雜誌

註：這些雜誌裡都有許多的故事和遊戲，在實際與兒童進行治療活動時，宜調整或修正。

1. Child Life Magazine, Saturday Evening Post Co., Youth Publications, 1100 Waterway Boulevard, P. O. Box 567B, Indianapolis, IN 46206.
2. Children's Playmate, 1100 Waterway Boulevard, P. O. Box 567B, Indianapolis, IN 46206.
3. Cricket Magazine, P. O. Box 100, LaSalle, IL 61301.
4. Ebony, Jr., Johnson Publishing Co., 820 S. Michigan Avenue, Chicago, IL 60605.
5. Electric Company Magazine, P. O. Box C-19, Birmingham, AL 35282.
6. Highlights for Children, 803 Church Street, Honesdale, PA 18431.
7. Humpty Dumpty's Magazine, Parents Magazine Enterprise, Inc., 52 Vanderbilt Avenue, New York, NY 10017.
8. Jack and Jill, 1100 Waterway Boulevard, P. O. Box 567B, Indianapolis, IN 46206.
9. Listen Magazine, 6830 Laurel Street, N.W., Washington, D. C. 20012.
10. Ranger Rick's Nature Magazine, National Wildlife Magazine Federation, 1412 16th Street. N.W., Washington, D. C. 20036.
11. Sesame Street Magazine, 123 Sesame Street, P. O. Box 2892, Boulder CO 80322.
12. World Magazine for Children, National Geographic Society, P. O. Box 2330, Washington, D. C. 20013.

$$\boxed{\text{附錄 E}}$$

個別治療的兒童評估範例

記錄日期：1998 年 10 月 10 日

個人資料：姓名——王小明

　　　　　生日——1988 年 2 月 2 日

　　　　　父母——王大山；陳玉梅

　　　　　住址——佛羅里達州寶托市政府街四號

　　　　　學校——美立堅國民小學

　　　　　班級——五年五班

　　　　　年齡——十歲又九個月

目前所接受的特殊教育服務：無

✧ 轉介原因

　　王小明是由他的父母和級任老師的轉介來做評估的，轉介的主要問題是小明長期在家和在校的過動和不守規矩。

　　王氏夫婦和小明的級任老師李大山覺得王小明的違常行為需要由專家來仔細評估，並進行適當的特殊教育方案的處遇。

✧ 轉介資訊的來源

1. 李大山老師所做的軼事紀錄。	1998 年 9 月 30 日
2. 和王氏夫婦的會談記錄。	1998 年 10 月 3 日
3. 審查王小明的學校成績單。	1998 年 10 月 5 日
4. 和王小明的約談與評估。	1998 年 9 月 5 日～10 月 5 日
	（共六次）

✧ 背景資料

　　王小明是王家收養的兩個兒童中最小的一位，他在兩歲的時候被收養。就王氏夫婦所陳述的，小明不論在生產和接受認養的過程中都很順利；只不過社工人員曾說小明的生母有精神病史。除此之外，就沒有其他特別的資料了。

　　王氏夫婦說他們馬上就發現小明和他的姊姊不同（現年十二歲，是王氏夫婦所認養的另一個小孩）。他常常在哭，而且不喜歡被擁抱。小明小時候在學習如何如廁的時候遇到很大的困擾，後來，他很容易變得具有侵略性。

　　在小明三歲的時候，王太太每一週有三天早上會把他安放在學前教育的教室中學習。他在那兒表現得很不理想，而且出現了許多行為問題，包括了過動、注意力不集中、不善於和其他小朋友溝通並且具有攻擊性。一年以後，由於小明的困擾行為，老師要求小明不要再來學習了；於是小明就待在家裡整整一年，等到五歲才去上幼稚園。

　　學校的記錄指出小明每年都有類似的困擾行為，並且愈來愈嚴重了。實際上，在這學期剛開始的時候，小明還曾因為行為問題嚴重，被轉介到醫院進行兩週的心理治療。住院的評估報告說明小明的注意力有缺陷，同時伴隨著不定時的情緒失調。令人感到有趣的是，王小明的學業成績在平均之上。王氏夫婦說小明沒有朋友，而且從來不會參加任何課後活動，像是運動或是社團活動。

到了最近，王氏夫婦說他們準備把王小明送還給佛羅里達州。王先生，身為一個商人，說他最近常常會加班，因為他不想回家看到小明。事實上，在最近幾個月，他開始會加班整夜不回家。王太太發現小明現在在家裡已經完全不受控制，她和小明的姊姊常常會躲在自己的房間以免被小明攻擊。

王氏夫婦都來自菲律賓，所以在美國沒有任何社會支持系統。他們曾經嘗試進行幾次的家族治療，但是都沒有參加超過五次。王氏夫婦認為治療和諮商都沒有辦法幫助王小明，他們悲觀的認為沒有希望解決王小明的問題了。

值得注意的是，王小明除了在去年九月有進行住院治療以外，他今年並沒有接受其他的處遇。他已經被學校輔導員輔導了幾次，不過為期不長。到目前為止，還沒有人建議以醫學的處遇來治療他。

✧ 評估介入的方案

王小明在這裡是由同一個社工人員進行六次的評估。他外表看起來是一個英俊、體型適中的十歲小孩，他總是穿著適宜而且得體。小明的情緒常常看起來比較壓抑，偶爾才會顯露出一些歡笑的表情。在晤談剛開始的時候，小明拒絕談論自己的事情，直到最後幾次見面才比較願意自我揭露。

在社工員進行評估的時候，下面的程序與工具也被用來做評鑑：

1. 使用結構性的探索問題來建立治療關係。
2. 使用未完成的圖片來間接引導揭露。
3. 使用玩遊戲的方式來引導揭露，這樣可以降低小明的焦慮程度。
4. 使用感覺的「臉孔問卷」幫助小明表達感覺。（Face Questionnaire）
5. 使用「自尊任務表」來引導自我概念。（Self Esteem Task Sheets）
6. 使用「阿克漢巴的兒童行為檢核表」獲得一個更詳細的問題和能力分析表。
   （Achenbach's Child Behavior Checklist）
7. 使用「雷諾的兒童沮喪量表」了解小明的沮喪程度。
   （Reynold's Child Depression Scale）

8.用「我與我的困擾表」引發小明表達對自己問題的看法。

（Me and MY Troubles Task Sheet）

　　使用上述的程序以後，小明漸漸比較能夠合作，但是他也需要很多的增強才能進行改變。就目前的情況來說，社工師認為小明已經能夠誠實揭露，也願意更開放自己。小明在進行一對一的處遇的時候，很顯然可以和他的治療師建立一個很有效的治療關係。

✧ 評估結果

　　進行上述的八種評估方式之後，我們獲得了下面的結果。

1. 經由轉介的資料、學校史、晤談的觀察和兒童行為檢核表的分析，我們發現王小明是一個功能嚴重失調的兒童。他在 CBC 行為問題量表上的 T 分數只有 74 分，是處在一個需要臨床處遇的臨界階段。另外，他在社會能力量表的得分也只有 23 分，這也是處於需要進行臨床處遇的臨界得分。

2. 就像轉介的理由一樣，王小明目前最大的行為問題是攻擊性與過動性。兒童行為檢核表上的評估指出小明的問題因應風格是外顯的，因此，他的問題已經非常嚴重，所以他在家裡和學校中才會產生那麼多困擾。

3. 面談以後我們發現小明的自我形象不佳，並且常會感到孤單寂寞。他認為自己不為同儕所接納，並且對自己在家庭裡的生活感到十分焦慮不安。

4. 王小明似乎有一些沮喪。然而，不論兒童行為檢核表或是雷諾兒童沮喪量表都顯示他的沮喪情形並不嚴重。

5. 綜合其他的觀察評估，我們發現王小明是一個還不成熟的十歲小男孩，他習慣用激烈的乖張行為表達內心的不安。如果治療環境是結構化而且夠安全的，小明可以和治療人員建立良好的一對一關係。

✧ 建議

基於上面的評估結果，我們提出下面幾點建議。

1. 王小明應該立刻轉送到公立學校的特教專班就讀；小明目前很需要這種高度結構化的治療和教育計畫。
2. 王小明每週至少要進行一次個別諮商。
3. 王氏夫婦應該轉介進行家庭諮商，並幫助他們做如何安置王小明的決策訓練。
4. 王小明應該要進行更完整的醫療評估，以確認是否需要做進一步的醫療處遇。
5. 王小明所接受的特殊教育方案的立即目標可以包括：
   (1)要減少攻擊和乖張頑強的行為。
   (2)建立能減少過動表現，並且能增加注意力集中時間的教室期望。
   (3)提供王小明適當的管道來發抒內心的不安情緒，這樣做有助於上述目標的完成。

蘇珊丹尼森：佛大社工所、學校社工員

◉注意：為了保護個案的權益，這篇附錄的姓名是虛構的。

活動解答

✧ 第三章　關係建立與自我表露的相關活動

頁數	活動名稱
33	**相對遊戲** 慣用右手的／慣用左手的，瘦的／胖的，高的／矮的， 長相好看的／長相難看的，捲毛的／直的，慢的／快的，深的／淡的， 手腳靈活的／笨手笨腳的，生病的／健康的，已發育的／未發育的
35	**猜猜看是哪種感覺** 紅的-1，酸的-4，大聲的-2，安靜的-2，熱的-4,5，鹹的-4， 柔軟的-4,5，多毛且柔軟的-4,5，堅硬的-4,5，溫和的-4,5，冰冷的-4,5 尖銳的-1, 4, 5，甜的-4，粗糙的-1, 4, 5
40	**完成寵物世界圖畫** 魚，貓，狗和鳥
47	**說話時間連連看** 早晨／晚上，上學前／放學後，總是／從不，正在做／正在休息， 沮喪／高興，好行為／壞行為，週末／工作日，家／學校
48	**生日蛋糕尋字遊戲** 找到六個 birthday
50	**「我會做的事」連連看** 讀書／書本，技藝及手工藝／繪畫，滑雪／滑雪用具，打球／球及球棒， 玩樂器／樂器，游泳／游泳池，跳舞／舞鞋，唱歌／樂譜

（續下表）

頁數	活動名稱
55	**電視密碼遊戲** 這是件重要的事：判斷所看到的電視節目內容是不是真實的。
59	**尋寶遊戲** 慢跑鞋，腳踏車，機器人，貼紙，玩具，文具，禮盒，鉛筆盒， 球，棒棒糖，筆筒，扯鈴
63	**解碼遊戲** 每個人偶爾都會遇上<u>麻煩</u>
64	**字詞完成** 擁抱，親吻，唸書，請，禮物，好聽的話
69	**句子迷宮** 每個人都有自己迷人的地方。

頁數	活動名稱
87	**相對遊戲** 黑暗／光亮，大聲喊叫／安靜，玩／工作，單獨／在一起，健康／生病， 夜晚／白天，小孩／大人，媽媽／爸爸，大的／小的，獎勵／處罰
89	**藏字遊戲** 光榮
95	**「感覺挫折」密碼遊戲** 當我在哭泣、踢東西或是忙著寫作業的時候，我知道我感到很挫折喔！
101	**「感到疲倦」相對遊戲** 早的／遲的，上床時間／早晨時光，暴躁的／溫和的，遊戲／工作， 想睡覺的／清醒的，早晨／晚上，觀看／參與，學校／家， 從不／經常，在一起／孤單
107	**密碼訊息遊戲** (1)有時候 (2)喜歡
110	**藏字遊戲** 所有的人
111	**密碼遊戲** 沒有人能夠控制自己的感受，但是每個人都能夠決定自己要如何去面對這些感受。

頁數	活動名稱
121	**兄弟和姊妹** *1.少一點，2.老么，3.沒有任何的，4.處不好，5.沒有*
124	**家庭氣氛相對遊戲** 快樂／悲傷，可怕／美好，平凡／好的，友善／孤獨，好棒／糟糕
128	**字詞完成** Dinner Time, Reading a story, Going on a trip, Riding bicycles together
129	**字詞重組** 1. vacation，2. dinner，3. movies，4. talking，5. snack-time，6. TV, 7. weekends，8. sports
131	**相對遊戲** 經常／從不，生病／健康，留下／離開，結婚／離婚，媽媽／爸爸， 擁抱／毆打，富有／窮苦，活著／死亡，姊妹／兄弟，尖叫／談話， 工作／遊戲，一起／獨自
134	**字詞完成** fights, chores, late, rules, yells, ignores
141	**字詞完成** 1. visit，2. crying，3. angry，4. brave，5. scared，6. lost，7. hug，8. afraid， 9. forgive，10. write，11. lonely，12. sad

✧ 第六章　社會技巧的相關活動

頁數	活動名稱
151	「在學校的朋友」相對遊戲 不受歡迎的／受歡迎的，聰明的／愚笨的，好的／壞的，年紀比我大的／年紀比我小的，女孩／男孩，謙虛、和善的／驕傲、勢利的，快樂的／悲傷的，無聊的／有趣的，不愛講話的／喜歡講話的，令人討厭的／令人愉快的
152	「我最要好的朋友」迷宮遊戲 選 2
155	句子迷宮 有時候每個人對於交朋友會感到沒信心
162	「告訴我的朋友」尋字遊戲 「告訴」出現七次
164	「向朋友表達你喜歡他」連連看 1.禮物，2.玩具，3.手，4.親吻他，5.電話，6.家，7.信，8.你
167	「幫助朋友」相對遊戲 接受／邀請，工作／遊玩，一點點／很多，家裏／學校，說話／傾聽，高興／傷心，得到／給予，學習／教導，有朋友陪伴的／寂寞的，打架／擁抱，哭／笑，誠實／不誠實
169	「朋友，請你幫幫我」密碼遊戲 幫助朋友以及接受朋友幫助都是很重要的
173	解碼遊戲 1.長久的 2.禮物

（續下表）

頁數	活動名稱
175	字詞重組 1.禮物，2.卡片，3.擁抱，4.親吻，5.打電話，6.分享，7.微笑 8.握手
177	重組字詞並完成句子 1.困擾，2.朋友，3.生氣，4.困難，5.錯
178	友誼迷宮 入口的右邊路徑
180	「友誼長存」句子完成 1.經常，2.感覺，3.他人，4.和善，5.讚美，6.關心

✧ 第七章　學校的相關活動

頁數	活動名稱
189	**相對遊戲** 走路／騎車，傑出的／糟糕的，低的／高的，乘法／除法，笨的／精明的，工作／遊戲，書寫／印刷，害怕的／舒服的，開始／結束，讚賞的／責備的，高興的／傷心的，無聊的／有趣的
203	**相對詞遊戲** 雜亂的／潔淨的，困惑的／清楚的，緩慢的／迅速的，印刷／書寫，高的／低的，正確的／不正確的，讚美的／批評的，理解的／誤解的，雀躍的／沮喪的，家庭作業／學校作業，高興的／傷心的，驕傲的／不好意思的
207	**密碼遊戲** 有一些學生覺得數學很容易；有一些學生覺得數學很困難。
213	**字詞配對遊戲** 常常／經常，叫喊／尖叫，生病／不舒服，疲累／想睡的，父母／訓導人員，夜晚／晚上，導師／老師，嘲弄／嘲笑，打架／爭吵／打人，從來沒有／不曾，混亂／不整齊，早上／早晨

✧ 第八章　結束與追蹤的相關活動

頁數	活動名稱
223	**相對遊戲** 快樂／傷心，參與／退出，愛／恨，害怕／信心，記住／遺忘，接受／給予，有煩惱的／沒問題的，一起／分開，批評／讚美，傾聽／說話，擁抱／推開
228	**尋字遊戲** 朋友，遊玩，父母，姊妹，家庭，有趣，兄弟，比賽，功課，學校
229	**重組字詞與完成句子** *1.*更加，認識；*2.*覺得，信心；*3.*朋友，玩；*4.*學校，課業，進步； *5.*現在，更，喜歡
231	**相對遊戲** 分享／保留，兒童／成人，生氣的／友善的，多一些／少一些，慢慢地／迅速地，爸爸／媽媽，傷心／快樂，工作／遊玩，陌生人／朋友，了解／不知道，不同意／同意，傾聽／說話
239	**相似詞遊戲** 不喜歡／討厭，不錯／很好，有把握的／確定的，喜愛／喜歡，容易／不難，快樂的／高興的，太好了／好極了，理解／了解，困難的／艱困的，想要／渴望
240	**完成句子** *1.*遊戲，*2.*犯，*3.*接受，*4.*我自己，*5.*感覺
246	**尋字遊戲** 諮商師；祖父；母親；父親；姊姊、妹妹；祖母；老師；長老教會牧師；伯伯、叔叔、姑丈、姨丈、舅舅；哥哥、弟弟；姑姑、阿姨、伯母、嬸嬸、舅媽；醫生；朋友；猶太教牧師
247	**解碼遊戲** 向一個特別的人說再見讓我想起以往和別人離別的情形
248	**填字遊戲** *1.*食物，*2.*回家功課，*3.*幫助，*4.*父母，*5.*閱讀，*6.*睡覺， *7.*聽話，*8.*穿衣服

國家圖書館出版品預行編目（CIP）資料

兒童遊戲治療活動：計畫及協助困擾兒童處遇之指引／
S. T. Dennison & C. M. Knight 著；陳慶福等譯.
--初版.-- 臺北市：心理, 2001（民 90）
　面；　公分.--（心理治療系列；22025）
譯自：Activities for children in therapy: a guide for planning and facilitating
　　　　therapy with troubled children
ISBN 978-957-702-431-2（平裝）

1. 遊戲治療　2. 兒童心理學

178.8　　　　　　　　　　　　　　　　　　　　　90004292

心理治療系列 22025

兒童遊戲治療活動：計畫及協助困擾兒童處遇之指引

作　　　者：S. T. Dennison & C. M. Knight
總 校 閱：陳慶福
譯　　　者：陳慶福、方家銘、陳勤惠、高秀蓉、陳雅麗、葉明衡
執行編輯：陳文玲
總 編 輯：林敬堯
發 行 人：洪有義
出 版 者：心理出版社股份有限公司
地　　　址：231026 新北市新店區光明街 288 號 7 樓
電　　　話：(02) 29150566
傳　　　真：(02) 29152928
郵撥帳號：19293172　心理出版社股份有限公司
網　　　址：https://www.psy.com.tw
電子信箱：psychoco@ms15.hinet.net
排 版 者：臻圓打字印刷有限公司
印 刷 者：容大印刷有限公司
初版一刷：2001 年 4 月
初版十刷：2024 年 7 月
Ｉ Ｓ Ｂ Ｎ：978-957-702-431-2
定　　　價：新台幣 350 元